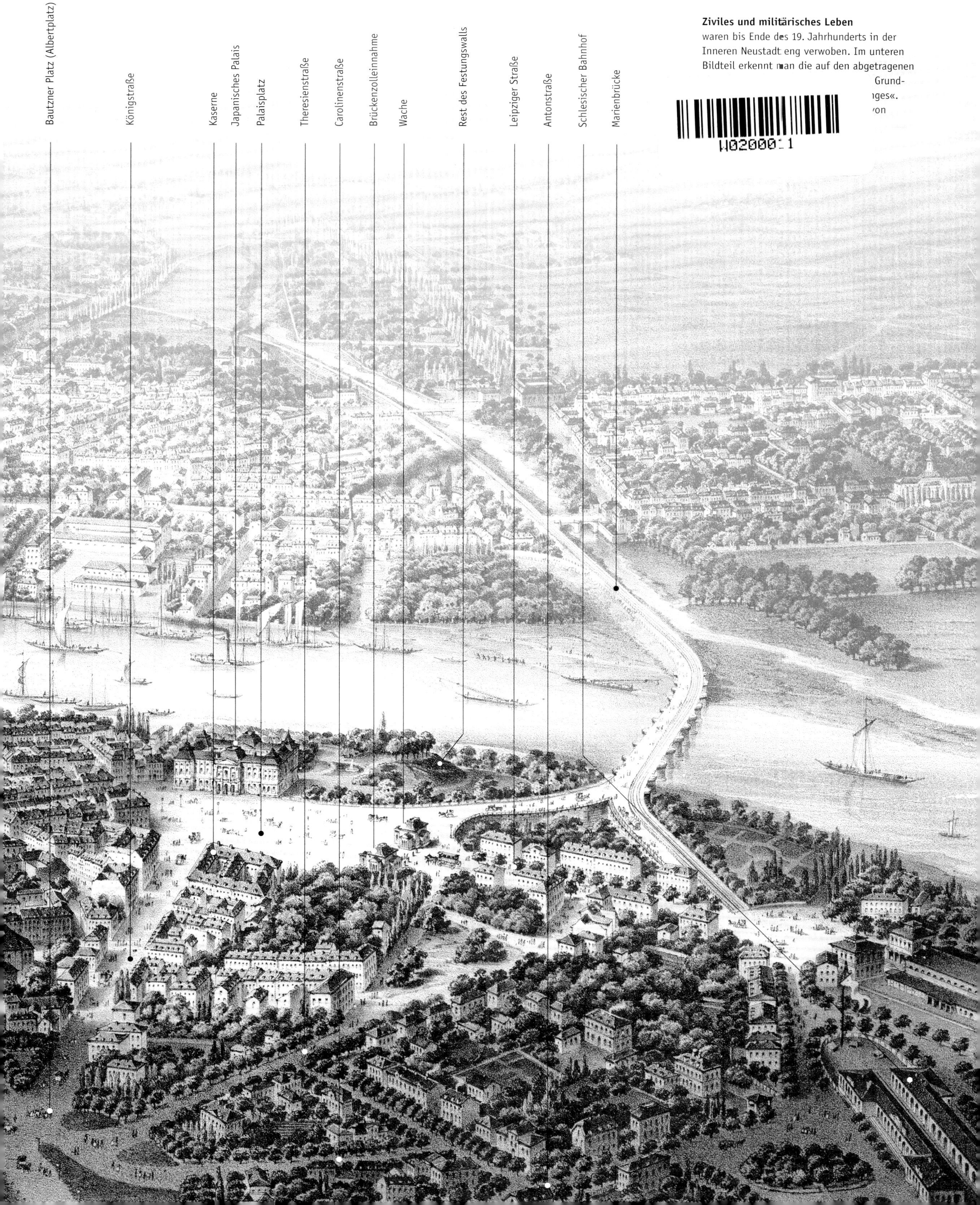

Ziviles und militärisches Leben
waren bis Ende des 19. Jahrhunderts in der Inneren Neustadt eng verwoben. Im unteren Bildteil erkennt man die auf den abgetragenen … Grund- … ges«. … von

Die Innere Neustadt

Aus der Geschichte eines Dresdner Stadtteils

von Annette und Jenni Dubbers
unter Mitarbeit von Lutz Jochem Mosch

Herausgegeben
von Annette und Jenni Dubbers
zusammen mit
dem Umweltzentrum Dresden e.V.

Mit freundlicher Unterstützung

- der Kunst- und Kulturstiftung der Stadtsparkasse Dresden
- der Landeshauptstadt Dresden
- des Arzneimittelwerkes Dresden, pharma GmbH & Co.
- der Woba Dresden GmbH
- des Konsums Dresden, Neustädter Markthalle GmbH und Co KG
- der Wohnungsgenossenschaft Johannstadt

Inhalt

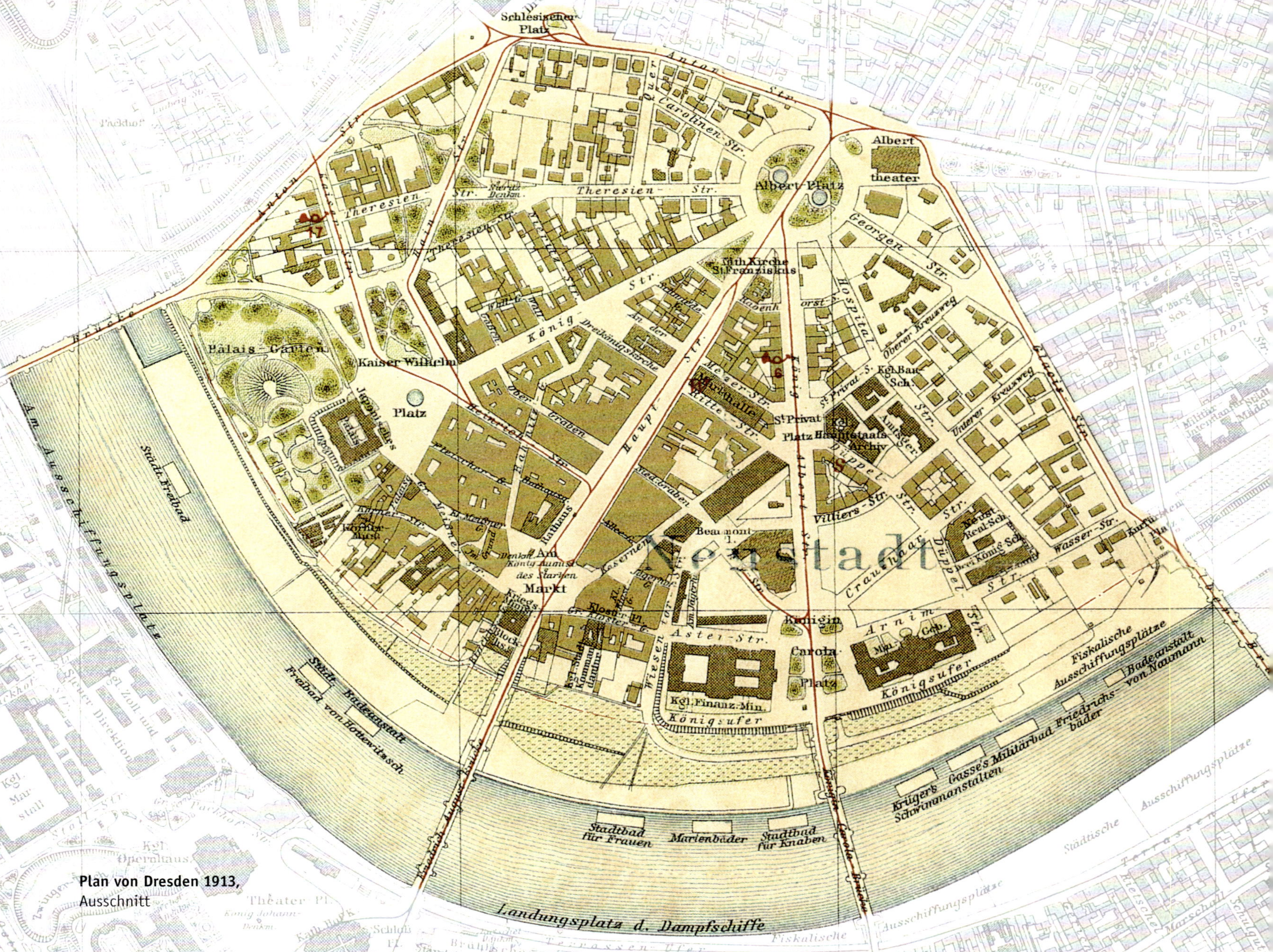

Plan von Dresden 1913, Ausschnitt

Im Schatten der reichen Schwester

Stadtrecht für Altendresden
Mit dieser Urkunde verlieh Markgraf Wilhelm I. von Meißen dem Dorfe Altendresden im Dezember 1403 das Stadtrecht. In Erinnerung daran feierten die Nachfahren 600 Jahre später, im Dezember 2003, ein Fest in den Sälen und auf den Straßen.

In der Urkunde zur Verleihung des Stadtrechts steht geschrieben »...dass Alten-Dresden für immer ein fester Ort sein und bleiben soll, in dem man kaufen und verkaufen, Handel treiben, brauen, backen, Bier und Met ausschenken, allerlei Handwerke und Innungen haben und gründen kann... Außerdem haben wir gewährt und bestätigt einen freien Markttag am Freitag jeder Woche, an dem man ohne jede Behinderung Fleisch, Brot und vielerlei Kaufmannsware frei haben kann, kaufen und verkaufen soll.«

Abenteuerlich ist die Geschichte der Urkunde nach dem Zweiten Weltkrieg. Eine Dresdnerin fand sie im Juni 1945 in den Trümmern des Neuen Rathaues. Zwar konnte sie den Text nicht verstehen, das schöne Siegel dagegen beindruckte sie sehr. Mehr oder weniger ahnungslos steckte sie das Papier ein. Bis 1984 war es in ihrem Besitz. Dann quälte sie wohl doch das schlechte Gewissen, und sie gab der Stadt das Dokument zurück.

Hirsch und Kiefer auf dem Siegel
symbolisieren die bis zur Stadtgrenze reichende Heide. Deren Sand war im Laufe der Jahrhunderte so lästig geworden, dass nach und nach der Weinbau um Altendresden aufgegeben wurde.

Die erste Zwangseingemeindung nach Dresden fand am 29. März 1549 statt. Da ließ Kurfürst Moritz von Sachsen den erschrockenen Bürgern des selbstständigen Städtchens Altendresden an der Elbe verkünden, dass ihr Ort von nun an Teil der Residenz am gegenüberliegenden Ufer sei. »Es sollen hinführo beide Städte eine Gemeinde, ein Regiment und eine Stadt sein«, hieß es in der Urkunde an den Rat. Aber die Altendresdner Bürger wollten ihre Unabhängigkeit nicht verlieren. Ihre angesehensten Mitbürger, Wolff Fischer, den Bürgermeister und Johan Prufer, seinen Stadtschreiber, sandten sie zum Protest nach Torgau, wo Moritz Hof hielt. Der Landesvater aber machte kein Federlesen mit der aufmüpfigen kleinen Delegation. Er warf beide in den Kerker, bis die »erwenten gefangene mit handt und mundt pflichtlich alles das, so inen mit diesem churf. bevehlch ufferlegt, das treulich zu hallten angelobtt. Es haben die gefangenen 7 nacht gesessen...«. Dem linksufrigen Dresden wurde die erste Gemeinde angegliedert, der bis in unsere Tage 70 mehr oder weniger freiwillig folgten.

Entstanden war der Flecken Altendresden vermutlich als Ansiedlung slawischer Bauern und Fischer. Im Bereich des heutigen Neustädter Marktes und ein Stück weiter westlich, dort wo sich nun das Japanische Palais erhebt, siedelten wahrscheinlich die ersten Bewohner – erst Slawen, später Deutsche. Kaum mehr als eine dürftige Ansammlung von Häusern ist es wohl viele Jahre lang gewesen. Weder eine Kirche noch ein Rathaus schmückten den Ort. Wollten die Bauern und Fischer zur Andacht in die am anderen Ufer gelegene Frauenkirche, ließen sie sich mit der Fähre über den Fluss bringen. Wahrscheinlich im 13. Jahrhundert veranlasste Markgraf Dietrich den Bau einer Brücke. Der Weg über die Elbe war damit wesentlich einfacher und bequemer geworden. Nicht nur der Handel profitierte davon.

Zum ersten Mal erwähnt wurde die Siedlung 1350 als Antiqua Dressdin, Altendresden, im Lehnbuch Friedrich des Strengen. Die Zahl der Einwohner muss sich recht schnell vergrößert haben, denn 1403 erhielt der Ort vom Markgrafen Wilhelm I. das Stadtrecht. Es schien erst mal ganz gut voranzugehen. Innerhalb einiger Jahre bauten sich die Bewohner am Marktplatz ein Rathaus und nicht weit davon entfernt ihre Kirche. Der Landesherr stiftete ein Kloster. Freitags trafen sich die Bürger zum Markt. Dazu rumpelten die Landwagen aus den umliegenden Dörfern in die Stadt, die Bauern boten ihre Ernte feil, während Brot und Fleisch und anderer »kouffmanschacz« ebenfalls an den Mann oder die Frau gebracht wurden. Vom Markt gingen die wichtigsten Gassen ab: so die

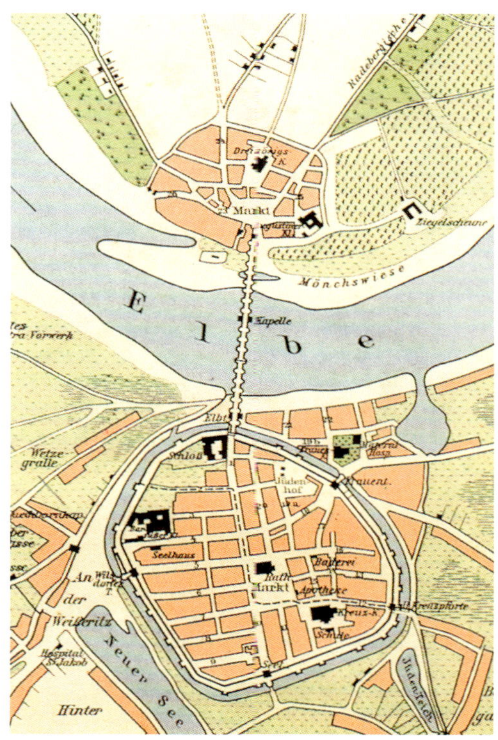

Altendresden
lag inmitten von ausgedehnten Weinbergen. Die Brücke führt direkt auf den Markt. Ein Stück hinter diesem stand die Kirche zu den Heiligen Drei Königen. Das Augustinerkloster lag am östlichen Rand des Ortes. Stadtplan um 1500

Gabriel de Thola: Altendresden um 1570
Das Städtchen hatte damals 307 Häuser, in denen ungefähr 2000 Leute lebten. Um 1628 notierte man 374 bewohnte Häuser mit insgesamt 2600 Köpfen. Der Dreißigjährige Krieg und seine Nachwehen, zu denen die 1680 ausgebrochene Pest gehörte, hatte auch in dem kleinen Ort an der Elbe seine Spuren hinterlassen, und so zählten die Chronisten 1682 nur noch 341 bewohnte Bürgerhäuser und 20 unbewohnte oder verfallene Wohnbauten.

Badergasse (heute in etwa der Weg, der am Blockhaus vorbeiführt), wo sich die öffentliche Badestube befand, die »Meisnissche gasse«, heute Große Meißner Straße, der Kohlmarkt, auf dem mit Holzkohle gehandelt wurde und seit 1582 die Rähnitzgasse, die auf den Weg zum Dorfe Rähnitz führte.

Altendresden blieb lange Zeit eine Siedlung armer Ackerbürger. Ziegen, Gänse und Schweine stromerten über Plätze und Wege. Innerhalb der Stadt bewirtschafteten die Altendresdner weiterhin ihre kleinen Weinberge oder bestellten ihre Äcker. An den wichtigen Straßen standen meist Häuser mit zwei Obergeschossen. In den Nebengassen, die oft gerade mal fünf Meter breit waren, blieben die Hütten einstöckig. Viele zeigten mit dem Giebel zur Straße. Die meisten Gebäude im Ort waren aus Fachwerk errichtet und mit Schindeln gedeckt. Steinhäuser und Ziegeldächer bauten sich die wenigsten. Damals eher ungewöhnlich war das Wohnen zur Miete. Lehrlinge und Gesellen krochen beim Meister unter. Nur wer wirklich sehr arm war, musste sich mit den schlechtesten und dunkelsten Räumen begnügen und wohnte dort zur Miete.

Nicht allzu zimperlich waren die rechtselbischen Stadtbewohner mit ihrem Dreck und Abfall. War etwas überflüssig, flog es auf die Straße. Aus dem Jahr 1541 ist eine nachbarschaftliche Abmachung überliefert. Darin beschließen beide Parteien, dass in der gemeinsamen Schleuse das Regen- und Abfallwasser gesammelt werden solle. Die Fäkalien aus der Grube hingegen werde man zusammen ausschöpfen und in die Gasse schütten. Der nächste Regen, da war man sich sicher, würde allen Unrat hinwegspülen.

Rathaus
Bald nachdem das Dorf zur Stadt geworden war, bauten sich ihre Bürger ein Rathaus. 1550, nach der Zwangseingemeindung Altendresdens, sollten die Teppichmacher des Kurfürsten Moritz im Rathaus arbeiten und wohnen. Die empörten Bürger des Ortes weigerten sich und argumentierten, dass sie ihr Stadtgericht in den Ratssaal einquartieren müssten. Außerdem brauchten sie den großen Saal für ihre Feste. Dieses Mal hatte der Kurfürst das Nachsehen.

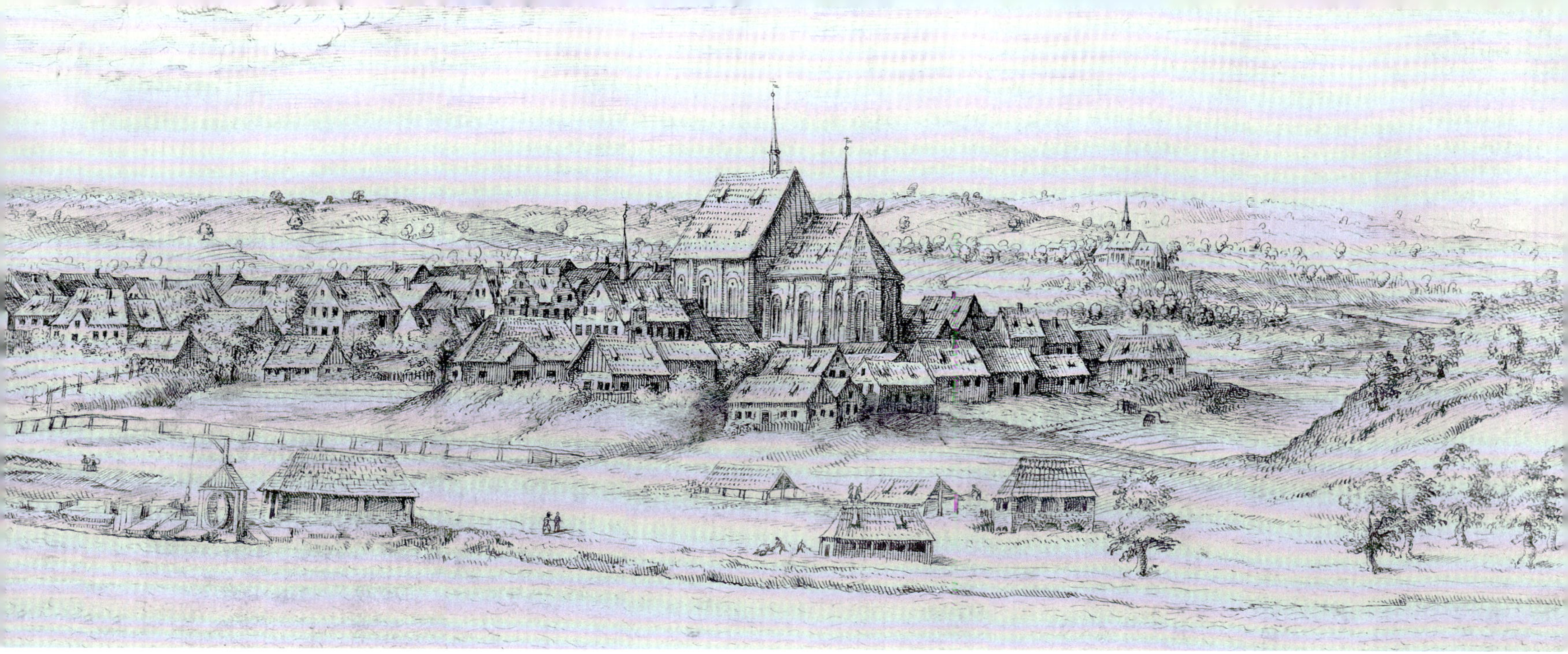

Nach dem Dreißigjährigen Krieg lebten in Altendresden:

28 Fleischer
4 Bäcker, Müller
6 Landwirte
18 Gastwirte und Wirtinnen, die Bier oder Branntwein ausschenkten
11 Leineweber, Tuchscherer
9 Schneider, Mützenmacher
10 Maurer, Zimmerer
8 Schlosser, Schmiede
4 Steinmetzen
5 Seifensieder, Wachszieher
je 2 Bader, Wehmütter, Schuhmacher, Böttner, Töpfer
je 1 Goldschmied, Uhrmacher, Glaser, Schleifer, Gerber, Kürschner

Der Überlieferung zufolge ging ein Großteil der männlichen Einwohner in der Zeit nach dem Dreißigjährigen Krieg einem Handwerk oder einem Gewerbe nach. Mit 28 Mann stellten die Fleischer die größte Gruppe. Sie galt als sehr einflussreich und half auch der Stadt mit Krediten aus, waren deren Kassen mal wieder leer. Wollte einer Bier und Branntwein trinken, hatte er es in Altendresden nicht schwer. Schließlich wurden schon damals 18 Schankstuben bewirtschaftet. Beamte, Studierte und Militär stellten 20% der Hausbesitzer. Der Nähe zur Residenzstadt dürfte dieser recht hohe Anteil geschuldet sein. Händler und Kaufleute schienen Altendresden dagegen zu meiden. Nur wenige von ihnen verzeichnen die Register.

Neben ihrer täglichen Arbeit leisteten die Altendresdner Jagddienste für den Landesherrn. Dazu mussten sie bei seinen Jagden Hunde und Netze zwei Meilen lang führen und als Treiber durch die Wälder hetzen. Zum Lohn gab man ihnen jedes Mal ein »Laiblein Brod, zwei Käse und eine Kanne Bier und jährlich zweimal für billiges Geld Holz.« Später wurde daraus das Jagddienstgeld.

Die erste Kunde von einem Rathaus in Altendresden gibt ein Schriftstück aus dem Jahr 1455. Man nimmt an, dass die Pläne für den Umbau um 1527/28 von dem damaligen Baumeister Melchior Trost stammen. Im ersten Stock lag die große Ratsstube. Hier tagten die anfänglich neun, später dann zwölf Stadtväter. Stand bei einem vornehmen Bürger ein großes Fest an, dann rückten die Herren vom Rat ihre Stühle beiseite, und es durfte getanzt werden im Saale. Neben einer weiteren kleinen Gerichtsstube in der ersten Etage gab es noch vier kleine Ratszimmer im Erdgeschoss.

»Heilige Drey Königskirche«
Etwa da, wo heute der Goldene Reiter thront, stand die Pfarrkirche zu den Heiligen Drei Königen. Die erste hatten die Hussiten zerstört. Diese überstand den Brand von 1685 nicht.

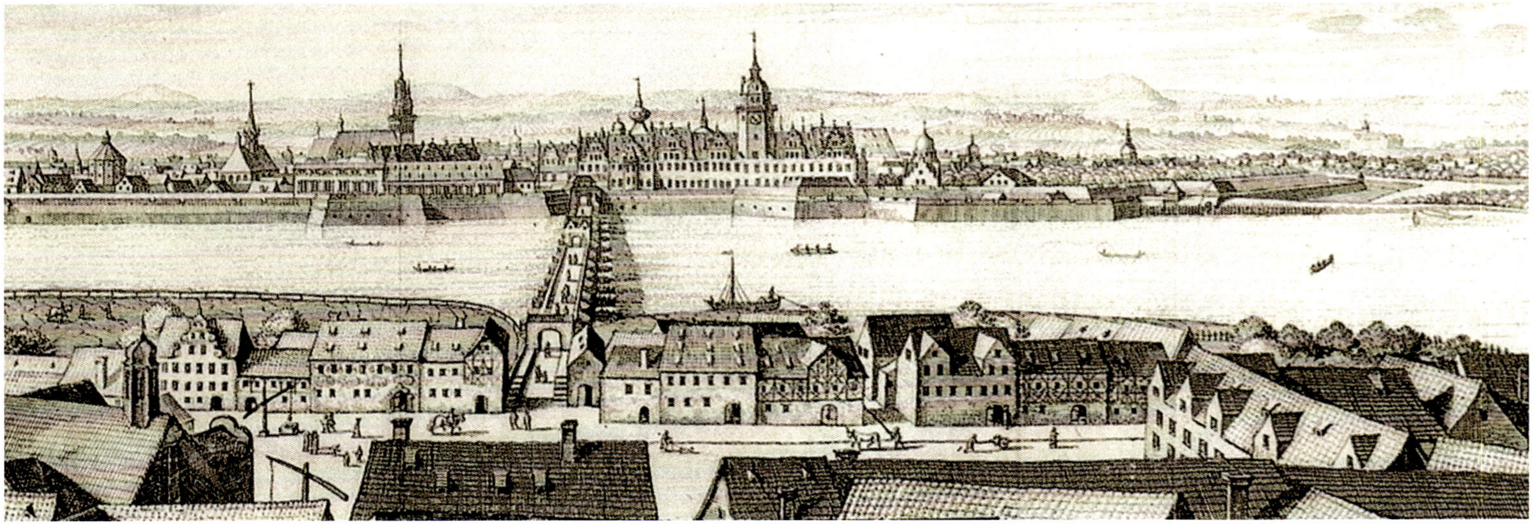

Vom Kirchturm aus
zeichnete Caspar Merian 1648 den Markt von Altendresden. Links zu sehen ist die Spitze des Rathauses von Melchior Trost. Seit der Zwangseingemeindung fehlte dem Platz das wöchentliche Markttreiben.

An der Ostseite des Hauses lag der Ratskeller. Zur Weihnachts- und Fastenzeit wurde seinem Pächter der Ausschank von auswärtigem Bier erlaubt, den Rest des Jahres mussten trockene Kehlen mit einheimischem Bier vorlieb nehmen. Das immerhin soll besser geschmeckt haben als das Getränk aus der Residenz. Hatte einer Hunger, konnte er in der am Kellereingang gelegenen Garküche einkehren. Hinter dem Rathaus lagen die Brot- und Fleischbänke. Verbürgt ist, dass es zumindest im 15. Jahrhundert den Bäckern ausdrücklich verboten war, Brot und Semmeln aus ihren Fenstern heraus zu verkaufen. Nur einen Brotlaib, der Vorübergehenden den Mund wässrig machen sollte, durften sich die Bäcker vor die Tür legen. Verkauft wurde an den Brotbänken.

Oft wurde auf den Sitzungen des Rates über die benachbarte Residenzstadt Dresden gesprochen, denn Altendresden lag wirtschaftlich und kulturell im Schatten des linkselbischen Ortes. Tapfer wehrten sich die Altendresdner gegen allzu maßlose Forderungen vom anderen Elbufer. Mal zankten sich die Ratsherren beider Städte wegen des Braurechtes, mal hatten sie sich in den Haaren wegen des Salzhandels, dann wieder überwarfen sie sich, weil sie sich über die Rechte des Wein- und Bierausschankes nicht einigen konnten. Mit der Zwangseingemeindung wurde es nicht besser. Nicht einmal einen Wochenmarkt durften die Altendresdner halten. Der große Marktplatz verwaiste. Nur durch den Fluss von der Residenzstadt getrennt, geriet der Ort für viele Jahre ins Abseits. Um 1617 wurde ihm gestattet, einen Jahrmarkt abzuhalten. Wöchentliches Markttreiben blieb bis 1711 verboten.

»Alte Weiber, die sich schlagen, müssen diese Flasche tragen«
Für zänkische Frauen und »Lotterbuben« waren die vor dem Rathaus hängenden Schandflaschen gedacht. Hatten sich zum Beispiel zwei Altendresdnerinnen in der Wolle gehabt, wurde jeder eine der 30 Pfund schweren Flaschen um den Hals gebunden. Unter Gespött und Gelächter mussten nun beide mit der gemeinen Last durch den Ort traben.

Die Jägerei zieht über den Marktplatz
Zu sehen ist die Nordseite mit dem Gasthof »Zum Grünen Busch«, dem Rathaus, hinter dem die Kirche hervorlugt. Ganz rechts aus dem Jägerhof ziehen 271 Personen über Markt und Brücke nach Dresden mit 153 Pferden. Mitgeführt wurden Käfige mit Bären, Wildschweinen, Luchsen, Bibern, Hasen, Füchsen, Dachsen, Fischottern, Wildkatzen, außerdem reichlich Hunde und Jagdwaffen.
Dieser festliche Diana-Aufzug wurde 1678 anlässlich des Treffens von Johann Georg II. mit seinen fürstlichen Brüdern inszeniert.

Der Markgraf gründet ein Kloster

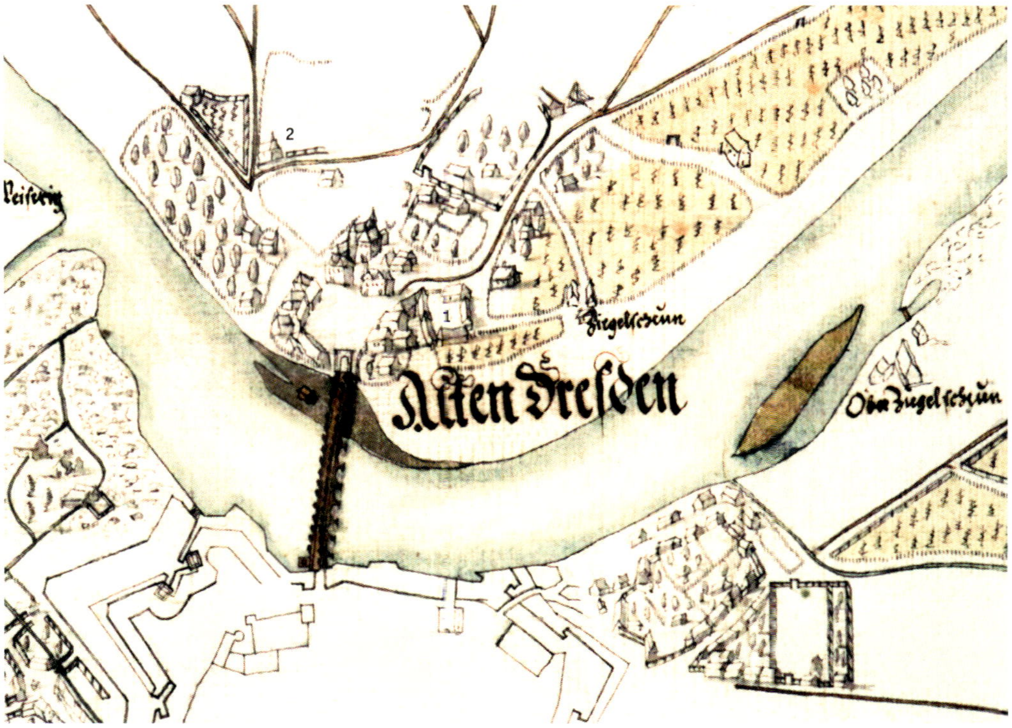

Zeichnung von Altendresden mit Kloster
Inmitten von Weinbergen liegt das 1404 gegründete Kloster (1). Nach der Reformation wurde es 1539 aufgehoben und zehn Jahre später abgebrochen. Diese Zeichnung ist die einzige auffindbare, die ein Bild von der Anlage gibt.
Links oben, etwa da, wo viel später der Neustädter Bahnhof gebaut wurde, ist eine kleine Kapelle zu sehen, in die die Mönche beten gingen, bevor sie das Patronat über die Altendresdner Kirche erhielten (2).

»Register, waß das Closter zu Alten Dresden an Gelde und Getreyde, auch anderen Nutzungen jährlich einkommen hat, sambt dem Inventario ao 1541«

Die Niederschrift zählt 42 Räume auf: Einen Rempter, das war der Speisesaal, ein Gewölbe vor dem selben, eine Küche mit Gewölbe und Stüblein, des Priors Stube und ein Kämmerlein daneben, eine große Gaststube mit einem Raum davor und noch fünf Gastkammern, einen Keller und einen Weinkeller, einen Pferdestall mit drei Pferden, einen Kühestall und ein »Vihe Haus« …eine Böttcherei, ein Malzhaus, ein Brauhaus, ein Käsehaus, eine Schneiderei mit des Schneiders Kammer, ein Siechhaus, eine Barbierstube, eine Badestube und endlich, im Verzeichnis an letzter Stelle, eine Sakristai.«

Aus: Dresdner Geschichtsblätter 1917

Ein Jahr nachdem Markgraf Wilhelm I. Altendresden das Stadtrecht verliehen hatte, wandte er sich in einem Schreiben an den Papst und teilte diesem mit, er wolle Augustinermönche in der jungen Stadt ansiedeln. Bald darauf verstarb der Landesherr. Die weiteren Geschicke des Klosters lagen in den Händen seiner Nachfolger. Erbaut wurde das Kloster am Rande Altendresdens, ungefähr auf dem Gelände des heutigen Museums für Sächsische Volkskunst. Neben den Weingärten und Wiesen, die das Kloster umgaben, schenkten die Markgrafen den Mönchen das Dorf Weißig. Von nun an oblag den dort lebenden Bauern die Pflege der ausgedehnten Klosterwiesen. Außerdem bekam der Altendresdner Orden Holz von der Nordgrundbrücke und Abgaben aus Kaditz, Serkowitz, Mickten, Pieschen und Radebeul. Im Laufe der Jahre spendeten Bürger und Adel weitere Güter und Einkünfte, wohl hoffend, die frommen Gebete der Augustiner würden sie von ihren Sünden erlösen. Viele Jahre hielten die Mönche ihre Andachten in einer kleinen Kapelle, der Antoniuskapelle, die ein Stück vor der Stadt stand, vermutlich dort, wo sich heute der Neustädter Bahnhof befindet. Zwar besaß Altendresden damals eine Kirche, aber das Patronat über diese lag in den Händen des Landesvaters. Ab 1481 schließlich betreuten die Augustinermönche das Gotteshaus.

Der Pfarrer von Altendresden schrieb auf
»… es haben ihm die Mönche den zum Kloster darzugehörigen Keller gezeiget, der von einer so großen Weite gewesen, daß man mit Pferd und Wagen hineinfahren können. Darinnen mögen die Mönche ihre Weine unterhalten haben, so sie auf ihren Weinbergen angebauet, deren sie verschiedene gehabt.«

Als 1429 die Hussiten von Böhmen kommend über das ruhige Städtchen an der Elbe herfielen, warfen sie Feuer ins Kloster und brannten es bis auf seine Grundmauern ab. Die Mönche bauten ihr Domizil wieder auf. Dazu gehörten unter anderem eine Gaststube, eine Käserei und eine Brauerei. Neben einer Badestube im Kloster unterhielten die Augustiner ein weiteres Badehaus in Altendresden, das sie gegen Ende des 15. Jahrhunderts an die Stadt abtraten. 1476 bewilligten die Landesherren Kurfürst Ernst und Herzog Albrecht den Bau einer hölzernen Wasserleitung, die vom Schotengrund in der Heide bis zum Hof des Klosters führen sollte. Da die Bürger das Vorhaben der Mönche tatkräftig unterstützt hatten, durften sie einen Teil des Wassers für sich abzweigen.

Luther, der ebenfalls dem Augustinerorden angehörte, unternahm in seiner Funktion als Distriktsvikar 1516 und 1518 zwei Dienstreisen zu den Brüdern in Altendresden. Doch die Stunden des Klosters waren gezählt. Insgeheim sollen die Klosterbewohner schon lange mit der Reformation sympathisiert haben. Mit dem Thronwechsel 1539 galt Luthers Lehre nicht mehr als ketzerisch. Der Landesherr, Herzog Heinrich der Fromme, erhob den neuen Glauben zum einzig wahren. Das Kloster wurde aufgelöst. Die Mönche streiften ihre Kutten ab, bezogen bis an ihr Lebensende eine kleine Rente und wohnten weiter in einem Teil ihres ehemaligen Anwesens, so vermutet es die Überlieferung. Ob Kurfürst Moritz die ganze Anlage abreißen ließ, kann keiner sicher sagen. Wahrscheinlich aber blieb ein Teil verschont und wurde im später errichteten Jägerhof weiter genutzt.

Auf, auf zum fröhlichen Jagen...

oben: **In der Glanzzeit des Jägerhofes** umsäumten Wohn-, Tier- und Zeughäuser, Ställe und Wagenschuppen drei große Plätze. Reicher Giebelschmuck und Skulpturen dekorierten Haus und Hof.

unten: **Zuschauer amüsieren sich** bei einer Kampfjagd vor dem Jägerhof. Heute ist an dieser Stelle der Hof des Volkskunstmuseums mit einer Brunnenanlage und Kirschbäumen.

Um 1586 wies Kurfürst August die Anlage eines großen Jägerhofes auf dem Gelände des ehemaligen Augustinerklosters an. Alles, was der Herrscher zur Jagd brauchte, sollte hier untergebracht werden. Größer und repräsentativer als die linkselbisch gelegene Jägerei seiner Vorfahren wünschte er sich die neue Anlage. Zudem sollte sie nah an der Heide sein, da er dort oft und gern jagte. Einen ersten Abschluss fanden die Arbeiten vermutlich um 1617. Doch auch danach wurde der Jägerhof immer wieder erweitert, verschönert, umgebaut und verändert. Bis in die erste Hälfte des 18. Jahrhunderts ging das so. Neben Verwaltungs- und Diensträumen für den Oberhofjägermeister und andere ranghohe Jagdangestellte gab es im Jägerhof mehrere Zeughäuser und Schuppen für Gerätschaften. So sind für 1725 an Jagdutensilien unter anderem verbürgt: »3 Rehe-Netzgen, ums Rehehäusgen zu stellen, 11 Rehe- und Hasen-Netze, 110 Wolfs-Netze, 60 Lerchen-Schlebbnetze, ein Wagen mit der Feldschmiede, 2 Pirschwagen, 1 Kalesche zur Hirsch- und Schweins-Waage, 3 Bären-Wagen...« Da an Anlage und Gerätschaften ständig etwas ausgebessert werden mußte, standen besondere Handwerker, wie Jagdtischler, Jagdschlosser und Jagdglaser am Hof, in Brot und Lohn.

Eine kläffende Meute Hunde begleitete die Jäger jedesmal, machten diese sich auf den Weg in die Wälder. So waren englische Doggen, Barenbeißer, Saufinder und andere Hunde in den Zwingern des Jägerhofes untergebacht. Daneben lebten im Löwenhaus und Bärengar-

Tierisches Vergnügen

»Bei einer ›Lustjagd‹ im Februar 1747 wurden im Jägerhof 726 Stück Wild erlegt: 414 Füchse, 29 Wildsauen und 282 Hasen. Alle hatte man zuvor in die Arena des Jägerhofes getrieben, wo sie ausweglos herumrannten, bis sie abgeschossen wurden.

Bei anderen ›Festen‹ in dem großen, nach allen Seiten umbauten Jägerhof wurden die verschiedensten Tiere aufeinander gehetzt: Bären, Wildschweine, Wölfe, Auerochsen zerfleischten sich vor den Augen der entzückten Zuschauer.

Beliebt war auch Fuchsprellen, bei dem die Tiere mittels straffgespannter Netze so lange in die Luft geprellt wurden, bis sie starben. Auch vergnügte man sich damit, zu gegebener Zeit heimlich ein Rudel Frischlinge unter die adligen Zuschauer laufen zu lassen, ›welche dann bei den Damen unter den Reifröcken solche Rumors machten, daß es nicht zu beschreiben‹.«

Aus der Zeitungsfolge »Streifzüge durch die Vergangenheit der Dresdner Neustadt«, März 1971, Sächsisches Tageblatt, Autor: Tat

Plan des Jägerhofes um 1750

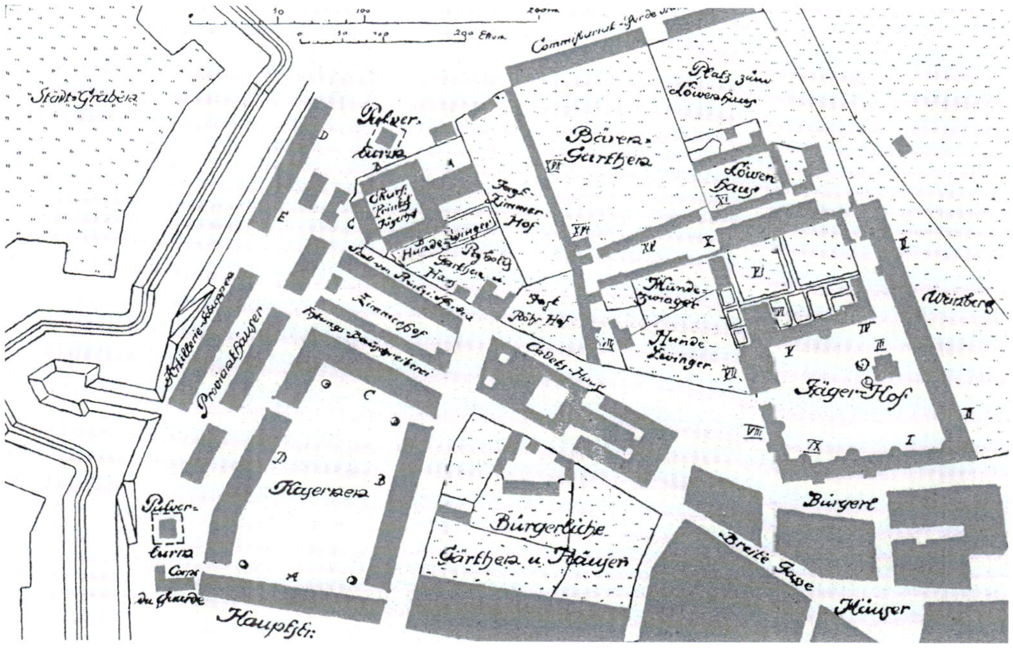

ten mehrere Bären, Füchse, Luchse, Affen, Löwen. Viele dieser exotischen Raubtiere waren kostbare Aufmerksamkeiten ausländischer Fürsten und Könige. So soll der König von Schweden August dem Starken gleich mehrere Löwen, einen Tiger und eine »indische Katze« durch einen Sklaven überbracht haben. Auf den Leipziger Messen erstand der Kurfürst das eine oder andere Tier. Einen Pavian, eine Löwin und einen Tiger hatte er im Jahre 1729 im Gepäck, als er in Dresden ankam. Ein anderes Mal kam er mit einem Stachelschwein nach Hause. Im Jägerhof bezogen die Tiere ihr neues, sicher recht beengtes Quartier.

Verbürgt ist, dass August der Starke 1730 eine Expedition nach Afrika rüstete. Die Mannschaft unter Expeditionsleiter Hebenstreit zog los, um »für die königlichen Cabinette und die Menagerie Thiere, Vögel, Kräuter, Blumen, Gewächse, Steine nebst anderen Dingen, für welche er eine aparte Spezifikation bekommen«, zu sammeln. Die Reisenden schifften sich zunächst in Algier ein. Hebenstreit machte dort am Königshof als Arzt von sich reden. Eine junge Löwin und zwei Stachelschweine waren das königliche Honorar für den Doktor aus Sachsen. Anderthalb Jahre durchkämmten die Männer den Kontinent nach exotischen Mitbringseln.

Den Heimweg schließlich überlebten viele Tiere nicht. Antilopen, Chamäleons und Strauße verendeten kläglich auf den Schiffen, die sie über das Meer bringen sollten. Neben dem Jägerhof wurde das Moritzburger Wildgehege zur neuen Heimat für das exotische Getier.

Mit König August III. war der Höhepunkt der sächsischen Jägerei erreicht. Sein Nachfolger Friedrich August der Gerechte verzichtete auf den großen Pomp und vereinfachte den Jagdbetrieb. Nach 1831 wurde der Jägerhof in eine Kavalleriekaserne umgewandelt. Nachdem das Kasernenviertel oberhalb der Stauffenbergallee entstanden war, wechselte die Bestimmung des ehemaligen Jägerhofs abermals. Armenwohnungen und Werkstätten richtete man in dem ältesten Flügel ein. Die Pferde und Straßenbahnwagen der Dresdner Pferdebahn kamen in den Ställen und Schuppen unter. Da um die Jahrhundertwende schließlich alle Bahnen mit elektrischem Antrieb fuhren, war das Intermezzo der Fuhrunternehmen im Jägerhof schnell vorbei. Im Laufe des 19. Jahrhunderts hatte sich das Antlitz des Geländes wesentlich geändert. Alte Gebäude wurden abgerissen, durch neue ersetzt oder verfielen ganz. Die Anlage schrumpfte. 1900 sollte der letzte Flügel abgerissen werden. Hartnäckig kämpfte Oskar Seyffert, der Vorsitzende des Vereins für Sächsische Volkskunde, für den Erhalt des Gebäudes. Sein »Landesmuseum für Sächsische Volkskunst« konnte der streitbare Mann 1913 eröffnen. Beim Bombenangriff 1945 brannten die oberen Stockwerke des Hauses ab. Seit Anfang der 50er Jahre empfängt das Museum wieder seine Besucher. Neben den dauerhaft gezeigten Volkskunstarbeiten werden immer wieder Schätze aus dem Depot des Museums hervorgeholt oder von Sammlern geliehen und in Sonderausstellungen gezeigt.

Der Jägerhof um 1900
gemalt von dem Dresdner Landschaftsmaler Franz Wilhelm Leuteritz. Der Maler beschwor hier noch einmal Glanz und Romantik vergangener Jahrhunderte herauf. Wesentlich trostloser zeigen Fotos aus dieser Zeit den verfallenden Jägerhof.

Brücken als Lebensquell

Die Verbindung zwischen der Inneren Neustadt und der Altstadt stellen heute vier Brücken her. Das sind von Osten nach Westen die Albert-, die Carola-, die Augustus- und die Marienbrücke. Wann genau die erste Brücke Dresdens, die spätere Augustusbrücke, gebaut wurde, kann keiner sagen. Die einen vermuten den Brückenbau in der Mitte oder gegen Ende des 13. Jahrhunderts, andere schon früher.

Von Beginn an nährt die Brücke das rechtselbische Altendresden. Von ihr ausgehend wächst und reckt sich der Ort langsam ins Land hinein. Die Brücke bringt Händler und Kaufleute sicher über den Fluss. Doch irgendwann war sie zu schmal und brüchig geworden für den Verkehr. August der Starke beschloss, sie zu verschönern und zu vergrößern. Den Auftrag hierzu erhielt M.D. Pöppelmann. Nach dem Vorbild der Rialtobrücke in Venedig und der Karlsbrücke in Prag begann der Architekt das Bauwerk umzugestalten. Dafür ließ er zunächst alle Aufbauten abreißen. Zwischen 1727 – 31 bekam die Brücke Halbrondells, neue Pfeiler, kostbare schmiedeeiserne Geländer und 48 Laternen, die schon damals jeden Abend leuchteten. Auf den 5. Pfeiler wurde ein mächtiges, reich vergoldetes Kruzifix gesetzt.

Am Ende hatte die Stadt eine Brücke, von der es viele Jahre lang hieß, sie sei eine der schönsten Barockbrücken in Europa. Sie sah über Jahrhunderte Freud und Leid der Dresdner: Flanierendes Volk und glanzvolle Paraden zogen über ihr Pflaster, zu Tode Verurteilte ließ man in verschnürtem Sack durch einen Schacht im siebten Pfeiler in die Fluten. 1813 sprengten die Franzosen zwei Bögen, doch schon einige Monate später war die Brücke repariert und wieder die alte. Heftig setzte ihr das schwere Hochwasser im März 1845 zu.

Als mit dem Einzug der Dampfkraft die Elbschiffe immer größer wurden, sahen Stadtväter und Bürger mit Sorge, wie die schön harmonisch in Fluss und Landschaft stehenden 16 Bögen der alten Augustusbrücke zu eng und zu niedrig und somit zum Verkehrs- und Wirtschaftshindernis wurden.

Die Brücke nach dem Umbau von 1727 – 31
Das Goldene Kruzifix stürzte bei dem Frühjahrshochwasser 1845 in die Elbe. Niemand hat es seitdem wieder gesehen. Kupferstich von 1820

Die Dresdner Brücke
mit ihren 23 Bögen und 800 Schritten war die längste Europas. Den Rekord büßte sie Mitte des 16. Jahrhunderts ein, als bei Bauarbeiten am Schloss und an der Festung vier Bögen verschüttet werden mussten. Hier zieht die Jägerei beim Dianaaufzug von 1685 ans andere Ufer.

Abschied von einem Freund

»Der Morgen des 14. März verging ruhig. Als aber Mittags 3 Uhr ein französischer Ingenieur-Offizier im dritten Pfeiler von der Altstadt her anfangen ließ, ein Loch zu graben, da kannte die Wut des Volkes keine Grenzen mehr. Man mißhandelte den Offizier, schleuderte sein Tschako und seiner Leute Schaufeln und Hacken in die Elbe, unter dröhnendem Jubelgeschrei, und würde den Offizier selbst übers Eisengeländer geworfen haben, hätte ein patrouillierendes Kürassier-Kommando es nicht verhindert. Der Nachmittag war und blieb unruhig; denn das Volk bedrohte jeden, der die Hand an seinen Liebling, die Brücke, legen würde... Die Brücke war in diesen Tagen lebhafter als je, und man konnte sie, wegen Menschenandrang, nur Schritt vor Schritt passieren, denn jeder betrachtete sie als einen Freund, von dem man sich bald trennen muß, welchen man deshalb noch bis auf den letzten Augenblick genießen oder benutzen will.«

Ungenannter Augenzeuge, 1813

Lange tat man sich schwer mit dem Abriss. Den letzten Anstoß gab ein Schlepper, der aufgrund seiner Größe nicht durch das Bauwerk gekommen war, nun quer lag und die Durchfahrt von 200 weiteren Schiffen verhinderte. Mit dem Bau der neuen Brücke wurde Prof. Wilhelm Kreis, der Architekt des Hygiene-Museums, beauftragt. Nach seinen Plänen entstand im ersten Jahrzehnt des 20. Jahrhunderts ein Bauwerk mit nur noch neun Bögen. Der Architekt führte sein Werk in Bescheidenheit als Erbe Pöppelmanns nicht als sein Überwinder aus, so dass viele die Brücke als einen Umbau, weniger als Neubau empfanden.

Jahre später, kurz vor dem Ende des Zweiten Weltkrieges, stopften die Nazis Munition in die Brücke und sprengten sie in die Luft. Russen und Deutsche bauten sie wieder auf, so dass sie ab Juli 1949 für den Verkehr freigegeben werden konnte.

Wechselndes Kriegsglück
zwang Napoleon 1813, die von ihm gesprengte Brücke durch einen Holzeinbau wieder passierbar zu machen. Auf die dafür veranschlagte Zeit von 5-6 Tagen entgegnet er »Dafür braucht man 24 Stunden« und legte bei Fackelschein selbst mit Hand an. Am Morgen zogen 70 000 seiner Soldaten und 140 Kanonen erst in die Neustadt ein und von da in die Lausitz.

»Der Tod von Altendresden«
Am sogenannten Brauerschen Haus, einem Wohnhaus neben dem östlichen Brückenkopf, erinnerte bis 1874 ein schwebender Saturn mit Flügeln, ausgelaufener Sanduhr und Sense, an den großen Brand Altendresdens 1685.
Es war vermutlich die erste Plastik von Bildhauer Balthasar Permoser in Dresden; der Volksmund nannte sie »Die Zeit« oder »Der Tod von Altendresden«.
Ölgemälde von Robert Wehle, 1848

Die Heldentat des Büchsenmachers oder »Kriegsglück in der Badestube«

»In demselben Jahre (1429) um St. Michaelis Tag darnach zogen die Ketzer von Böhmen in das Land zu Meißen und kamen an die Elbe und logirten sich in Altendresden und thaten darin großen Schaden... Von des Landgrafen Büchsenmeistern einer, genannt Hans der Gunstete, lief in der Nacht von demselben Thorhause in die Badestube zu Altendresden, die nahe dabei lag und darin die Ketzer lagen, und warf Feuer in die, daß sie weichen mußten. Sogleich brachen die Ketzer auf nach Kötzschenbroda das gute Dorf und verbrannten das und andere Dörfer darum gelegen und zerhieben die Keltern und die Fässer darin und tranken den neuen Wein...«

Aus der Thüringischen Chronik des Johann Rothe über das Jahr 1429

Keine Mauern, keine unüberwindbaren Gräben oder hohen Türme schützten Altendresden vor Kriegern, Räubern und anderen Eindringlingen. Lediglich eine dürftige Schutzanlage umschloss den Ort. Da war es 1429 ein Leichtes für die aus Böhmen heranreitenden Hussiten, in die Stadt einzudringen. Sie verwüsteten Häuser und Grundstücke und vergriffen sich an den wenigen Habseligkeiten der Einwohner. Lange konnten sie sich nicht halten. Volk und Armee jagten in vereinter Kraft die Eindringlinge davon. Über Ausmaß des Schadens streiten die Bücher. Erst um 1545 wies Herzog Moritz den Bau einer Stadtmauer an. So eng sollte sich die neue Befestigungsanlage an die Stadt pressen, dass zahlreiche Anwohner ihre Höfe aufgeben mussten und in die nahe Umgebung, ins spätere Neudorf, die heutige Moritzburger Straße, umgesiedelt wurden. Doch schon zwei Jahre nach Beginn der Arbeiten stürmten im Schmalkaldischen Krieg die von Kurfürst Johann Friedrich geführten Truppen durch den Ort. Wieder mussten die Altendresdner Verwüstungen beklagen. Der Bau des Schutzwalls, der vom Kohlmarkt über den späteren Obergraben und Niedergraben und weiter zum Kloster führen sollte, ging danach nur unter großen Mühen voran.

Recht glimpflich kam die Stadt im Dreißigjährigen Krieg davon. Als am 30. September 1631 500 kroatische Reiter anrückten, wurden die Einwohner rechtzeitig gewarnt. Im Handumdrehen sperrten sie die Gassen mit Wagen und Fässern und gruben schützende Gräben. Die Feinde wurden »mit Pirschröhren und Musketen hässlich empfangen und erfolgreich in die Flucht geschlagen«.

Kaum hatten die Bürger nach den Ängsten des Dreißigjährigen Krieges aufgeatmet, da zog vor allem in den heißen Sommermonaten des Jahres 1680 der »Würgeengel«, die Pest, durchs Land, von der der Chronist berichtet: »...daß der Würgeengel in der guten Stadt Altendresden so sehr um sich gewürget hätte, daß im Anfang wegen Mangel der Särge, Totengräber und Träger oftmals an einem Tage etliche Leichen eine zeitlang unbegraben liegen bleiben mussten«.

Rähnitzgasse 17
Mit dem geknickten Verlauf der Rähnitzgasse und dem Zuschnitt der Grundstücke Nummer 17 und 18 hat die von Kurfürst Moritz angelegte Stadtbefestigung ihre Spuren hinterlassen. Hier an der Kreuzung Rähnitzgasse und Obergraben stand eine kleine Bastion.

Altendresden am 6. August 1685
So sah ein unbekannter Künstler das Feuer und hielt es für die Nachwelt fest. Sein Standort könnte die heutige Bautzner Straße gewesen sein.

Noch am Tage des Unglücks schrieb der Rat an den Kurfürst

»...dass heut vor Mittag gegen Eillf Uhr der gerechte Gott abermals eine große Feuersbrunst allhier verhangen, indem zu Alt-Dresden, auf der Meisnisschen gasse in des sogenannten Kunsttischlers Tobien Edlers Haus (durch wessen Verwahrlosung aber wir zur Zeit noch nicht erfahren können) ein unvermuthet Feuer aufgegangen, ... welches dermaßen schnell überhand genommen, daß an vielen, auch entlegenen Orten es fast zugleich zu brennen angefangen, und also in vier bis fünff Stunden die ganze Stadt ... im Rauch aufgegangen, und zum Theil noch in voller Flamme stehen und allein Ew. Churfürstl. Durchl. Jägerhaus nebenst dem Rathause und ohngefähr 18 bis 20 an der Elbe her gebaueten Häuser noch bis jetzo durch Gottes sonderbahre Güthe vor der grausamen Glut erhalten worden. ... Vor die armen abgebrannten Leuthe, welche theils in Gärthen, teils auf Wiesen liegen, haben wir gleichfalls einen Vorrath an Brot und Getränke annoch heit anschaffen lassen...«

Es brennt

Und dann kam das Jahr 1685. Am 6. August gegen 11 Uhr brach im Haus des Kunsttischlers Tobias Edler auf der »Meisnisschen gasse« ein Feuer aus. Späne und Holzstaub lagen herum, trockene Hölzer stapelten sich in der Werkstatt, und so fraß sich das Feuer durch Haus und Hof und sprang in Sekundenschnelle auf die umliegenden Anwesen über. Es wird berichtet, ein starker Westwind fegte an diesem hochsommerlichen Tage durch die Stadt. Er trieb die Flammen durch die schmalen, verwinkelten Gassen. Bald brannten fast alle Fachwerkhäuser und mit ihnen Ställe und Schuppen, in denen die Altendresdner ihr Holz und Stroh lagerten.

Wahrscheinlich hatte ein spielendes Kind das Feuer entzündet. Seine Eltern und ein Großteil der Altendresdner waren zu diesem Zeitpunkt bei einer Hofjagd in Moritzburg und so fehlten schnelle Helfer, die das Vordringen des Brandes bremsen konnten. Löschhilfe aus der Festung und Mannschaften aus fünf Dörfern kamen zu spät.

Noch in der Nacht strich die heiße Glut durch die Viertel. Zusammenstürzendes Gebälk, Wände und Lager schürten die Flammen immer wieder aufs Neue. Von dem alten Stadtkern blieben nur noch verkohlte Gemäuer. Kirche, Schule und Fleischbänke waren in Rauch aufgegangen. Von 331 Wohnhäusern blieb den fassungslosen Besitzern nichts als Ruinen. Nur das frei auf dem Marktplatz stehende Rathaus, der Jägerhof und die am Südrand nahe der Klostergasse und der »Meisnisschen gasse« stehenden Häuser waren den Flammen entkommen.

Am Abend des Unglücks hatte man die Stadttore verriegelt. Schließlich hatten Diebe und Plünderer in dem allgemeinen Chaos ein leichtes Spiel. In den Gärten und auf den Wiesen campierten die obdachlos gewordenen Menschen. Um deren erste Not zu lindern, ließ der Rat Brot und Getränke bringen. Nach dem Brand waren viele Altendresdner so verarmt, dass sie noch Jahre später hungernd und bettelnd durch die Gegend gezogen sein sollen. Wenig Linderung brachte ihnen eine Sammlung von Spenden in Dresden, Sachsen und im deutschen Ausland. Um die 400 Taler waren dabei wohl zusammen gekommen. Jedoch hatten die Spendensammler ganze 33 Taler in der Tasche, als sie zu Hause ankamen. Der Rest war für Reisespesen draufgegangen.

In dem kleinen Hotel »Drei goldene Palmenzweige« übernachtete der Minister Johann Wolfgang von Goethe 1790 auf einer Dienstreise. Vor dem großen Brand von 1685 wohnte an dieser Stelle der Kunsttischler Tobias Edler, in dessen Haus das Feuer ausbrach. Heute ist hier ein Parkplatz des Hotels »Bellevue«.

Ungeliebte Vision

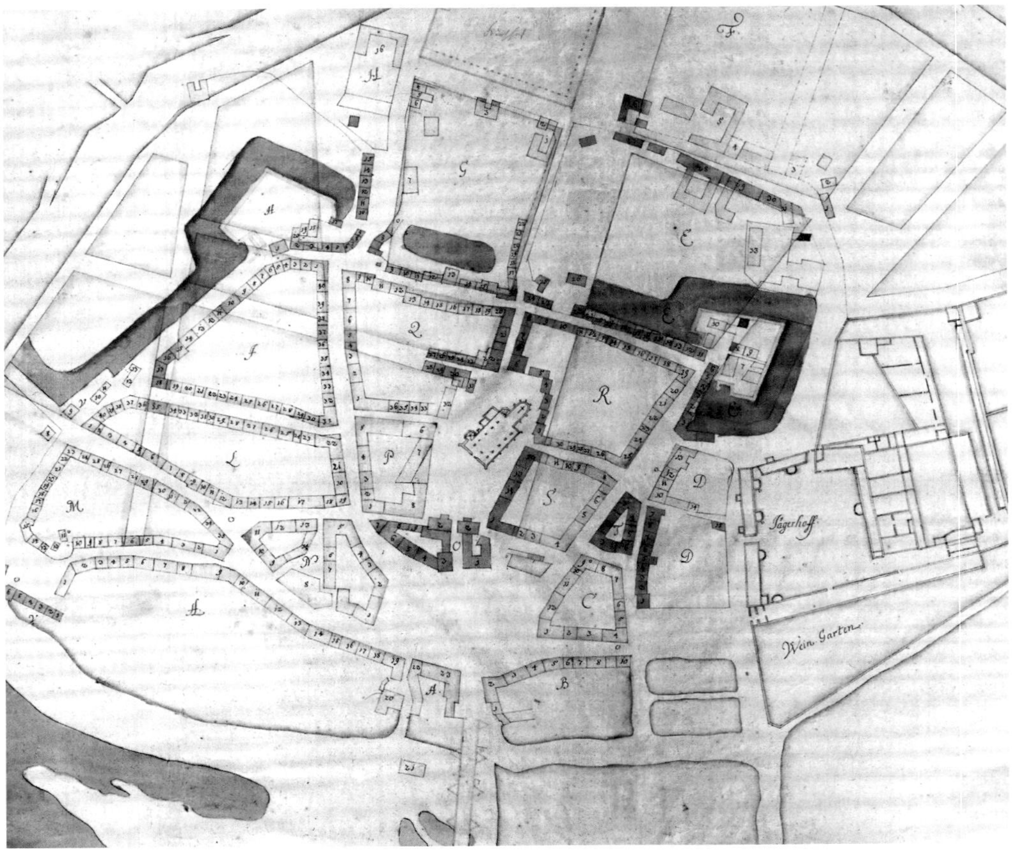

Klengels Plan zur Umgestaltung von Altendresden aus dem Jahre 1685
Strahlenförmig sollten auf den großräumig erweiterten Marktplatz mehrere Straßen einmünden. Für das Wohnviertel im Westen plante er eine Allee, die auf der »Meisnisschen gasse« enden sollte. Mitten auf der künftigen Hauptstraße stand die Dreikönigskirche, was zunächst noch keinen störte. In abgewandelter Form verwirklichte August der Starke 50 Jahre später Klengels Ideen. Nun war die Kirche im Wege.

Oberlandbaumeister Wolf Caspar von Klengel
hatte Europa gesehen. Nun plante er auf den Brandtrümmern eine neue, moderne Stadt.

Der Stadtbrand war Anlass für Kurfürst Johann Georg III. und seinen weit gereisten Oberlandbaumeister Wolf Caspar von Klengel, das so entstandene Trümmerfeld nach modernen, großzügigen Ideen neu zu planen. Der absolutistische Herrscher wünschte, die neu entstehende Stadt am rechten Ufer repräsentativ seiner Residenz anzugliedern. Noch im Jahr der Katastrophe brachte Klengel seine Ideen von der Neuordnung und dem Wiederaufbau Altendresdens zu Papier. Sie waren an der französisch-italienischen Stadtbaukunst orientiert, genial und weitschauend, aber auch teuer und schwer durchführbar.

Anstelle der krummen Gassen sah Klengel innerhalb der Neustädter Festung die Anlage eines klaren, großzügigen Netzes von Straßen vor. Architektonisch unvergleichlich anspruchsvoller und brandsicherer als ihre Vorgänger sollten die neuen Gebäude werden. Klengels Pläne, noch im Brandjahr durch kurfürstlichen Erlass verkündet, stießen auf harten Widerstand des Altendresdner Rates wie der brandgeschädigten Hausbesitzer. Die Gründe sind nachvollziehbar. Ein Drittel der Grundstücke lag mitten auf den neuen Straßen oder Plätzen und konnte somit nicht wieder auf alten Grundmauern aufgebaut werden. Bürgern, die an ihrem Grund festhielten, stand Zwangsenteignung bevor. Erlass rückständiger Steuern und Steuerfreiheit, zunächst auf sechs Jahre, wurden zugesagt. Die geforderten großen Häuser aus Stein konnten trotzdem nur die Begüterten wieder aufbauen. Um die teuren mehrstöckigen Gebäude zu finanzieren, mussten Mitbewohner gegen Bezahlung aufgenommen werden. Das Mietshaus entstand. Viele, vor allem Handwerker und kleine Gewerbetreibende, versuchten sich von den Abfindungssummen eine neue, billiger zu habende Existenz außerhalb der Stadt zu schaffen. So ging der Aufbau nur schleppend voran. Bis zu Klengels und des Kurfürsten Tod, beide starben 1691, waren nicht mal ein Drittel der Brandstellen wieder aufgebaut.

Dem kommenden Jahrhundert, dem energiegeladenen Friedrich August I., auch August der Starke genannt, und seinen beiden Baumeistern Wackerbarth und Pöppelmann war es vorbehalten, die Umgestaltung Altendresdens in Weiterentwicklung Klengelscher Pläne zur barocken Königsstadt zu vollziehen. Eine riesige Baustelle muss Altendresden in jenen Jahren gewesen sein, auf der zeitweise bis zu 2000 Bauleute beschäftigt waren. Nach Augusts des Starken Tod vollendete der neue König August III. das Werk seines Vaters. Damit war ein herausragendes Ensemble europäischer Stadtbaukunst entstanden, geprägt von mehrstöckigen Mietshäusern mit angeglichenen Geschosshöhen an klar geordneten Straßen, zwei Prachtalleen, der Haupt- und Königstraße, dem Japanischen Palais mit seinen großartigen Gartenanlagen, dem Markt, Militär- und Verwaltungsgebäuden.

Sein »Altendresdner Haus«, das »Holländische Palais«, eine damals dreiflüglige Schlossanlage zwischen der Elbe und der Straße nach Leipzig, wollte August der Starke zum vierflügligen Porzellanschloss umbauen. Wir kennen es heute als Japanisches Palais.

Ein Porzellanschloss

Über 20 Jahre schon, seit 1694, trug August der Starke Sachsens Kurhut und seit 1697 die polnische Königskrone, als sich im zweiten Jahrzehnt des neuen Jahrhunderts sein Interesse auf das abgebrannte Altendresden richtete. Am Ufer der Elbe hatte sein Minister Graf Flemming 1715 ein Landhaus gebaut, das nach seinem ersten Bewohner, dem holländischen Gesandten Harsolde von Craneburg, gestorben am 29. Januar 1717, das Holländische Palais genannt wurde. Das kaufte »für eine Tonne Gold«, wie es in einer Schrift von 1755 heißt, noch im selben Jahr August der Starke, dem das »Altendresdner Haus« wegen seiner schönen Lage sehr gefiel.

Das Schloss und seine Gartenanlagen dienten August dem Starken von nun an als Kulisse für großartige Feste. Höhepunkt waren 1719 die Feierlichkeiten anlässlich der Hochzeit des Kurprinzen mit Maria Josepha, der Tochter des österreichischen Kaisers Joseph. Seit 1720 stellte der Herrscher seine Gemälde und kostbare Porzellane in zehn Räumen des zweiten Stockwerkes aus. Ganze Schiffsladungen der zerbrechlichen Ware trafen dafür aus Asien in Dresden ein. Die Meissner Manufaktur arbeitete ein Jahr lang für das Palais, in das wenig später auch die Königliche Kunstkammer einzog.

Durch seine Baumeister Pöppelmann, Longuelune und de Bodt ließ August der Starke das Schloss zu einer imposanten Vierflügelanlage erweitern und künstlerisch ausgestalten. Spätbarocke, klassizistische und fernöstliche Elemente fließen in der nun »Japanisches Palais« genannten Anlage ineinander.

August der Starke wollte sich mit dem Japanischen Palais den Traum von einem Porzellanschloss erfüllen. Das Vorhaben, das Palais ganz mit farbigen Fliesen an den Fassaden und auf dem Dach umzugestalten, blieb in den Anfängen stecken. Aber der reiche Figuren- und Giebelschmuck des Bauwerkes, alte Pläne und

»... wo irdische Götter ihr Plaisir finden können. In dem hinter diesem Palatino befindlichen biß an den Elbe-Strohm sich erstreckenden angelegten Kunst- und Lustgarten die angenehmensten, wohlriechendsten und raresten in- und ausländischen Gewächse und Orangerien in ihrer angeborenen Schönheit blühen und den Spazierenden ungemeine Erquickung geben. Die in diesem Garten stehenden Statuen und Nymphen, unter welchen zwey von dem schönsten weissen Marmor (wovon die nackende Venus nebst ihrem jungen Cupido repräsentiret durch die Hand des berühmten, hier lebenden Franz Coundre' verfertigt worden) alle anderen fast schamrot zu machen scheinen, indem daran die Lineamenta genau zu erkennen. Das zur Seiten des Gartens angelegte Lust- und Ball-Spiel und der treffliche Prospekt auf und über den Elbestrohm sind Marquen, dass dieses ein Ort sey, wo irdische Götter ihr Plaisir finden können.«

So beschreibt ein Chronist 1726 Karchers französischen Garten. Kupferstich von J.A. Corvinus

Der Palaisplatz
vom Weißen (Leipziger) Tor aus gesehen. Ölfarbendruck nach einem Aquarell von Ludwig Kergel, um 1850

Akten sowie 20 000 Porzellane, die man jetzt im Zwinger bewundern kann, erinnern daran. Der ostasiatischen Architektur nachempfunden ist das Kupferdach. Chinesenhermen in phantastischen Kostümen schmückten die Fassaden des Innenhofes und das Treppenhaus. Auf dem Giebelrelief des Portalbaues ehren Vertreter Europas und Asiens eine thronende Saxonia mit Porzellangeschenken. »Das schöne Frontispice, welches mit vortrefflichen Statuen und Bildhauer-Arbeit geziert ist, verdient die Bewunderung aller Kenner. Man kann überhaupt sagen, daß bey nahe alle Künstler, Bildhauer, Mahler, Bauleute die Stärke ihrer Wissenschaften an selben erschöpft haben…« notiert Benjamin Gottfried Weinart um 1770.

Weit gerühmter Garten

Nach der Elbe zu legte der Landschaftsarchitekt Karcher einen französischen Garten an, gerühmt als der vollkommenste dieser Art weit über Sachsens Grenzen. Terrassen mit Statuen, geschwungene Treppen und vasengeschmückte Balustraden führten hinunter bis an die Elbe, wo ein Gondelhafen lag. Waldquartiere und die verschiedensten Parterres, verschnittene Hecken und Laubengänge wechselten miteinander ab. In weiten Becken plätscherten Wasserfälle und Fontänen. Zwischen Wänden von Wein- und Pfirsichspalier waren Beete mit eingemusterten Blumen und Rasenplätze angelegt. Im Westen bezog der Schöpfer die Festungsanlagen mit ein. Zum Plastikenschatz des

Chinesenhermen
tragen den umlaufenden Erker im Innenhof.

Im Palaisgarten, J. G. Posselt, um 1800

Gartens gehörten auch die Zentaurengruppe und »Die Zeit enthüllt die Wahrheit« von Antonio Corradini, die heute im Großen Garten zu finden sind. Anstelle der französischen Zieranlagen wachsen jetzt Rasen und Bäume.

Die Arbeiten am Palais und Park endeten im Wesentlichen mit dem Tod Augusts des Starken 1733. Während des Siebenjährigen Krieges wurde der Bau als Speicher für Heu und Stroh genutzt. Im Jahre 1766 wurden an ihm verschiedene Erneuerungen und Veränderungen vorgenommen. Dann stand das Palais jahrelang leer, bis es ab 1780 erneut mit Kostbarkeiten angefüllt wurde. Seit 1786 hatte die kurfürstliche Bibliothek, die spätere Sächsische Landesbibliothek, hier ihre Räume. Sie war schon damals öffentlich, wie auch die Antiken- und die Münzsammlung im Erdgeschoß. Die Porzellane standen nun nicht mehr so hoch in der Gunst. Sie wurden in den Keller verbannt, ehe sie 1876 zur Ausstellung ins Johanneum kamen. 1945 brannte das Palais samt seiner kostbaren Innenausstattung aus. Seit dem Wiederaufbau sind das Landesmuseum für Vorgeschichte und das Staatliche Museum für Völkerkunde unter seinem Dach. Heute wird um ein Sanierungs- und Ausstellungskonzept für das Palais gerungen.

Über das Porzellanschloss

»Man schätzt diesen Porcellan-Vorrath auf eine Million Thaler am Werthe, und bewundert darunter verschiedenes Geschirr, welches nach der allgemeinen Tradition von dem göttlichen Raphael d'Urbino bemahlt seyn soll. Nicht weniger findet man unter diesem Schatz an Porcellan eine große Anzahl des von dem Baron von Böttger im Jahre 1722 erfundenen rothen und braunen Porcellans sowie eine große Menge Indianischen, Japanischen und Chinesischen Porcellans... Die erste Galerie des oberen Stockwerkes war doch würklich mit allerhand sowohl einheimischen als ausländischen bunten Thieren und Vögeln von Porcellan meistentheils in natürlicher Größe und Farbe meubliret.«

Benjamin Gottfried Weinart, aufgeschrieben um 1770, erschienen 1777, stark gekürzt

Eine Straße für den König

Das Japanische Palais mit dem Palaisplatz

Der Palaisplatz entsteht

»Altendresden auf der Großen Meißnischen Gasse wurde der Anfang zur Wegreißung von sechs neu gebauten Häusern gemacht, so dem Königlichen Japanischen Palais den Prospect versperret. Die Eigentümer bekamen solche baar bezahlt.«

Aus der Dresdner Chronik vom 5. Januar 1723

»...auf dem Platze vorm Koenigl. Palais und in der mit Linden besetzten Allee soll nicht Wäsche getrocknet werden. Ihre Kgl. Maj. hat diese Lindenallee nicht zur Kommodität der Bürgerschaft, sondern zu eigenem Pläsir verfertigen lassen.«

Aus einer Anweisung an den Rat, 1724

Große Pläne hatte August der Starke mit seinem neuen Besitz, dem Japanischen Palais. Davor aber lag als Schandfleck der wüste Ort Altendresden. Nun sollte er zur »Königsstadt« werden. Damit wurden dem Herrscher die Ideen Klengels wieder interessant. 1722 beauftragte er seinen Oberaufseher für das Bauwesen, den Grafen Christoph August von Wackerbarth, einen freien Platz vor dem Palais zu schaffen. Dafür kaufte Wackerbarth zwölf neu gebaute Häuser, ließ sie räumen und niederreißen. Dann wurde die schon von Klengel geplante Straße, die spätere Königstraße, als breite Allee angelegt. Sie führte vom Schwarzen Tor (am heutigen Albertplatz) direkt auf das Palais hin. Die Bauplätze an der Königstraße hat August verschenkt, an jedermann in Sachsen, der hier bauen wollte. 1732 sollen das elf Handwerker gewesen sein. Strenge Regulative hatten die Bauherren für diese königliche Avenue einzuhalten. Danach durften ihre Häuser das Palais nicht überragen, mussten alle die gleiche Geschosshöhe und -anzahl und den Eingang in der Mitte haben. Nur dieser und ein Mittelfenster durften mit Schmuckelementen ihre Individualität zeigen. Die Fassaden sollten nicht dunkel oder bunt, sondern »in lichten, gelinden Farben auf Stein Art abgeputzet sein«. Die Gebäude hatten ein Vorderhaus und von Seitenflügeln eingeschlossene »himmeloffene« Höfe. Der hintere Teil beherbergte die Remise, Pferdestall und Schuppen. Die Häuser Königstraße 1, 3, 7, 10 und 12 sind heute Zeugen jener Vorgaben.

Ein Patent des Königs vom 28. Januar 1732 gibt die Straße für die Bebauung frei. Am selben Tag lässt der König verkünden, dass man »Altendresden« nun »Neue Königsstadt« zu nennen habe. Die Leute machten bald die »Neustadt« daraus. Fünfzig Jahre später säum-

Königstraße mit Blick zum Japanischen Palais

»Mein Logis ist im Hause des D. Weisse auf der Königsgasse zwei Treppen hoch, vorn heraus. D. Weisse ist Maurer, ein gefälliger und guter Mann… Dies ist ein Haus, dergleichen mir als Privathaus noch nicht vorgekommen: es wohnen 150 Menschen darin und könnten noch einmal so voll bequem darin wohnen, wenn nicht die ganze erste Etage (welche 500 Tlr. Mitzins zahlt) nur von fünf Menschen bewohnt würde… Mein Logis liegt vortrefflich; vor uns den Platz und das Japanische Palais, das Weiße Tor und die freie Aussicht in das paradisische Elbtal, eine viertel Stunde weit ein schönes Dörfchen…«

Karl Christian Krause, Philosoph und Privatgelehrter, 1805

Königstraße 7

ten die Straße auf jeder Seite neun Häuser. Jedes war dem anderen ähnlich und dennoch ein Individuum. So war durch strenge Überwachung der Bauausführung ein Straßenraum von großer Noblesse und Schönheit entstanden. Als Teil der neuen Stadt war er mit seiner Lindenallee, mit dem Palais und dessen Park und dem Platz davor als Einheit geplant und konsequent so durchgeführt.

Die Königstraße wurde nach Niederlegung der Festungswerke Anfang des 19. Jahrhunderts mit biedermeierlicher und Gründerzeitbebauung bis zum 1816 von Architekt Gottlob Friedrich Thormeyer angelegten Albertplatz geführt. Sie hat die Zeiten überstanden.

Königstraße 5

Hausfassaden,
die schon Johann Wolfgang von Goethe gesehen hat, als er 1790 am Palaisplatz logierte. Höfe führten von der Königstraße in die Nachbargassen, die Rähnitzgasse oder Heinrichstraße.

Heinrichstraße 16

Rähnitzgasse 17

Die neue Königsstadt

Die neue Stadt bey Dresden
Blick auf das Blockhaus, hinter dem das Blockhausgässchen zur Elbe führt. Am östlichen Brückenkopf die ersten Häuser der Klostergasse mit dem Hotel »Stadt Wien«.

Auf der Promenade

»In heiteren Abendstunden ist sie fleißig besucht, zumal weil die Frauenzimmer hier in leichtem Negligé erscheinen können, welches ihnen allerliebst steht und das muntere französische Aussehen gibt was man den Deutschen sonst zur Unzeit abspricht«.

J. G. Riesbecker über die Hauptstraße um 1800

Das Blockhaus

Eine stolze Königsstadt wollte August der Starke aus Altendresden machen. Schon der erste Eindruck sollte dem durchs Schwarze Tor ankommenden Fremden imponieren. Als bauliche Dominante, als Blickfang gegenüber dem Tor, entwarf Zacharias Longuelune rechts und links der gerade neu gestalteten Augustusbrücke zwei monumentale, pyramidenförmige Bauten. Sie sollten die Wach- und Verteidigungsaufgaben übernehmen, die ein auf der Brücke stehendes festungsartiges kleines Bollwerk mit Wach- und Zollstube inne hatte. Nur eines der geplanten neuen Prachtgebäude wurde in Anlehnung an den Ursprungsplan gebaut. In ihm gab es seiner Bestimmung als Wachgebäude gemäß eine Waffenhalle, Wachstuben für Offiziere und Mannschaften, Arresträume und nach der Elbe zu einen großen Saal. Dieses sogenannte Blockhaus hat bis zu seiner Zerstörung 1945 ohne Unterbrechung verschiedenste Militärbehörden beherbergt, so die Neustädter Hauptwache, das Kommandantenhaus, das Oberkriegsgericht, das sächsische Kriegsministerium, die Militärbuchhalterei, das Kriegszahlamt.

Der Neustädter Markt

Die Umgestaltung zur neuen Stadt sah von Beginn an die Erweiterung des Marktes und vom »Schwarzen Tor« zu ihm hin eine »Hauptstraße« anstelle einer bisher schmalen Gasse vor. Aber noch dreißig Jahre nach dem Brand lag dieses Terrain mehr oder weniger brach. Augusts Pyramiden aber brauchten ein ihnen gemäßes Umfeld. Die gerade wieder aufgebaute Dreikönigskirche, 21 Häuser und die Fleischbänke lagen im neuen Straßen- und Platzraum, und sie mussten den Vorhaben weichen. Aus dem einstigen schlichten sorbischen Rundling entstand eine großartige Platzanlage. In architektonisch vollkommener Ordnung zusammengeführt waren hier bürgerliche Häuser und monumentale Bauten, Brücke und einmündende Straßen. Jede hatte ihr eigenes Gesicht: Das einer Avenue die Hauptstraße, wie mit der Reißschiene gezogen parallel östlich von ihr die Breite-, die spätere Kasernenstraße. In leichtem Bogen nach Westen führte die Große Meißnische Gasse... Mittelpunkt des Marktes wurde das Reiterdenkmal. An der rechten Ecke der Hauptstraße stand bis Ende des 18. Jahrhunderts das Al-

Plan vom Reiterstandbild auf dem Blockhaus
Pyramidenartig ansteigende Monumentalbauten mit Denkmalen auf ihren Dächern sollten die Brücke rahmen. Auf dem nicht ausgeführten östlichen sollte eine Siegesgöttin thronen, auf dem westlichen August der Starke auf vergoldetem Ross in Richtung Polen reiten. Als Blockhaus wurde nur dieses in abgeschwächter Form gebaut, ohne den König, der auf den Marktplatz verwiesen wurde.

Der Neustädter Markt
Sein Zentrum ist das Reiterstandbild Augusts des Starken. Der Kupferschmied Ludwig Weidemann von Nörthingen trieb Ross und Reiter in Kupfer. Er hat den König barhäuptig in antiker Kleidung dargestellt. So reitet er, Blattgold belegt seit 1736 in Richtung Warschau. Nur manchmal muss er von seinem Podest, zu Verschönerungskuren oder wenn ihn, wie im Zweiten Weltkrieg, feindliches Säbelgerassel bedroht.
Von links nach rechts: Rähnitzgasse, Rathaus, Hauptstraße, Kasernenstraße. Kolorierter Kupferstich von Carl Gregor Täubert, um 1810

Ärger mit der Rathausuhr

»...da selbige beständig unrichtig gehet, öffters zu viel oder zu wenig, vielfältigmahl aber gar nicht schläget und stille steht. Neustadt sei doch eine Stadt mit nicht wenig distinguierten und mit nicht nur vielen, sondern auch meistenteils honorablen Bewohnern angefüllt und mache einen großen Teil der königlichen Residenz aus. Es sei doch sehr schlimm, daß in Neustadt nicht ein accurater Zeiger, oder Schlaguhr, welche man doch wohl auf manchem geringen Dorfe findet, vorhanden sei, nach welchem man sich richten und besonders auch der Soldat die ordentliche Ablösungszeit zuverlässig regulieren könne.»

Beschwerde des Generalleutnants de Bodt vom Mai 1741, mit welcher der Rat zum wiederholten Mal zur Reparatur der Uhr auf dem früheren alten Rathaus aufgefordert wird.

tendresdner Rathaus. Genau ihm gegenüber wurde zwischen 1750 – 54 das viel größere und repräsentativere »Neustädter Rathaus« errichtet. Es beherbergte im Erdgeschoss die Sänftenstationen, die Fleisch- und Brotbänke, in deren Räume Ende des 19. Jahrhunderts zwölf Verkaufsläden zogen. Das Rathaus war bis zu seiner Zerstörung im Zweiten Weltkrieg das dominierende Bauwerk am Platze, an dem bis zum 13. Februar 1945 außerdem unter anderem mehrere Gastwirtschaften und Hotels, zwei Banken, die Schwan-Apotheke, eine Fabrik für Wäsche und Berufsbekleidung, ein Bettengeschäft sowie auch ein Zahnarzt, wegen seines Hobbys berühmt als Zauberer Manfredo, zu finden waren.

Nur die Gewölbe blieben nach dem Bombenangriff 1945 erhalten und beherbergen heute einen Weinkeller. Eine Bürgerinitiative setzt sich für den Wiederaufbau des Rathauses ein.

Die Hauptstraße

Zu Klengels Zeiten hatte man mit dem Projekt einer Hauptstraße vom Schwarzen Tor zum Markt begonnen, dann war es aus Geldmangel bald fallengelassen worden. Nun trieb der König zur Eile an. Damit sich der Blick des Ankommenden nicht eingeengt fühle, bedienten seine Baumeister sich eines genialen Kunstgriffes. Sie verbreiterten die Hauptstraße allmählich zur Elbe hin, weggerissen wurde, was im Wege war. So entstand der Eindruck einer prachtvollen, nie enger werdenden Parallele, gesäumt von barocken Adels- und Bürgerhäusern.

Bald nach der Fertigstellung wurde die Hauptstraße mit vier Reihen Linden bepflanzt. Auf roten Säulen standen zwischen den Bäumen Laternen und gaben des Abends von Laub umspieltes schönes Licht. Der Volksmund sprach bald nur noch von der »Allee«.

Unter den Linden von Dresden
Die Hauptstraße war Promeniermeile ersten Ranges und gleichzeitig längste und wichtigste Verkehrsader der neuen Königsstadt.

In den Salons und dahinter

Ansicht der neuen Königsstadt
mit der umgebauten Augustusbrücke, auf der ganz außen im Bild auf einem Pfeiler das berühmte große Goldne Kruzifix steht. Am Ufer überragt das Dach des Japanischen Palais die Häuser des Kohlmarkts. Es folgt die Große Meißnische Gasse mit dem Polnischen Brauhaus und der damals so genannten »Regierung«, dem heutigen Hotel »Westin Bellevue« (Nr. 8, später 15), daneben das »Hotel de Paris«, der Gasthof »Zum Blauen Stern«, ein Stück weiter die kleinen Häuser des Blockhausgässchens und das Blockhaus. Östlich neben der Brücke an der Klostergasse stehen wieder herrschaftliche Häuser, wie das Hotel »Stadt Wien« und das Haus des Kunstmäzens Quandt. Ein Weg führt von der Wiesentorgasse zur Elbe. Wäsche liegt zum Bleichen auf den Wiesen vor dem Militär-Requisiten-Schuppen und der Kavalleriekaserne.
Carl Benjamin Thielemann, um 1800

Mitte des 18. Jahrhunderts waren die wichtigsten Häuser an den beiden Hauptstraßen gebaut und die abgebrannten in den Nebenstraßen durch stattliche Neubauten ersetzt. Besonders schön und reich mit Rokokoschmuck ausgestattet waren die an der Großen Meißnischen Gasse. Nun zog die neue Königsstadt Künstler, Gelehrte und Reisende an, so dass sie im geistigen Leben der Residenz bald eine wichtige Rolle spielte. Da wo heute die Empfangshalle des Hotels Westin Bellevue ist, zweigte damals der Kohlmarkt (später in Körnerstraße umbenannt) ab. Im Haus Nr. 14, beim Juristen Christian Gottfried Körner, gingen gegen Ende des 18. Jahrhunderts die geistigen Größen Dresdens und viele bedeutende Fremde ein und aus. Hier traf man sich zum Gedankenaustausch, zum Musizieren und zu Leseabenden. Hier war ein wesentlicher Ort, wo Ideen der Aufklärung gepflegt und weitergetragen wurden. Mozart, Goethe, Schiller, Humboldt, Kleist und viele andere fühlten sich vom Charme und der Klugheit der Frauen, Minna Körner und deren Schwester Doris Stock, sowie von den musischen Begabungen des Hausherrn angezogen. Den Körners wurde 1791 ein Sohn geboren. Theodor Körner, der Freiheitsdichter und freiwillige Lützowsche Jäger, fiel 1813 in einem Gefecht bei Gadebusch.

Körners Wohnhaus

»Mozart selbst, bei seinem kurzen Aufenthalt in Dresden, verkehrte fast täglich im Körnerschen Hause. Für die reizende und geistvolle Doris (Schwester der Hausherrin, Anm. d. Red.) stand er in hellen Flammen und sagte ihr mit süddeutscher Lebhaftigkeit die naivsten Schmeicheleien. Gewöhnlich kam er kurz vor Tische und setzte sich, nachdem er sich in galanten Redensarten ergossen, an das Klavier, um zu phantasieren. Im Nebenzimmer wurde inzwischen der Tisch gedeckt, die Suppe aufgetragen, und der Bediente meldete, daß angerichtet sei. Aber wer mochte sich entfernen, wenn Mozart phantasierte! Man ließ die Suppe kalt werden, den Braten verbrennen, um nur immerfort den Zauberklängen zuzuhören…«

Erinnerungen von Gustav Parthey

So sah es in Körners Salon aus
Hier am Kohlmarkt 14 gab sich die geistige Prominenz der Klassik und Frühromantik die Klinke in die Hand.

Die wohl bekannteste Adresse der Hauptstraße war die Nr. 8, jetzt 13, das Haus »Gottessegen« nach der Inschrift »An Gottes Segen ist alles gelegen«.

Seit 1808 wohnte die Familie des Malers Gerhard von Kügelgen in dem Haus. Hier verkehrten die Malergrößen Caspar David Friedrich, Philipp Otto Runge, Anton Graff und Georg Kersting. Der Librettist des Freischütz F. Kind und Dr. Struve, der die berühmte Dresdner Mineralwasseranstalt gründete, waren Freunde des Hauses. Seit von Kügelgen die Weimarer Größen porträtiert hatte, zählte er auch Goethe zu seinen Bekannten. Heute erinnert ein Museum zur Dresdner Frühromantik im Haus »Gottessegen« an das geistige Tun und Trachten jener Jahre in der »Neuen Königsstadt«.

Gerhard von Kügelgen in seinem Atelier

Beim Italiener
Links, am Ende der Hauptstraße zum Markt hin, war eine Bauarbeiterbude stehen geblieben. Seit 1779 bewirtschaftete Herr Bussetti die »Grüne Bude«, sein »Cafe Bussetti«. Hier beim Italiener gönnte man sich eine Erfrischung während der Promenade, vor und nach einem Besuch des Societätstheaters.1837 wurde das beliebte kleine Lokal durch eine Explosion zerstört. Kolorierter Kupferstich von Carl August Richter, um 1815, Aussschnitt

Gerhard von Kügelgen in seinem Atelier

»Das Atelier enthielt eine Welt der verschiedenartigsten Gegenstände. Die Wände waren hageldicht bedeckt mit Gipsen, mit Studien und allerlei künstlerischen Kuriositäten, mit seltenen Kupferstichen, Handzeichnungen berühmter Meister und dergleichen mehr... Er fühlte sich behaglich in solcher Anhäufung und behauptete, daß bei leeren Wänden und in aufgekramten Zimmern jede Phantasie verkümmern müsse.«

Erinnerungen von Wilhelm von Kügelgen

Gegenüber von Kügelgens lag das Haus Nr. 20 »Wer Gott vertraut«. Auf alten Karten staunt man über den weitläufigen Garten, innerhalb der engen Festung ein riesiger Luxus. Hier wohnte Herr Schöneberg, der als Kaufmann in Petersburg geheiratet und glückliche Geschäfte gemacht hatte

»In diesem reichen Hause verlebten wir glückliche Stunden. Es gab da alles was das Herz sich wünscht: Schaukelpferde, sehr natürliche mit Fell überzogen und mit glänzenden Geschirren, Federbälle, Brummkreisel, Kegelschub und Billard, und nicht das schlechteste war der schöne Garten mit schattigen Alleen und blühenden Gesträuchen, mit Kinderbeeten, Schaukeln und vielem Raum zum Wildern und Stelzengehen. Es war ein Kinderhimmel, der sich auch dadurch empfahl, daß die weiche, bis zur Schwäche gütige Hausfrau, unsere Spiele zwischendurch und häufig durch ein Tellerchen mit Obst, mit Kuchen oder anderen Delikatessen zu unterbrechen wußte.«

Wilhelm von Kügelgen,
Jugenderinnerungen eines alten Mannes

Kaffeegesellschaft in Quandts Garten
an der Elbe hinter der Klostergasse. Gemälde von Franz W. Leuteritz, 1860

Hinter dem Hause Hauptstraße 13, jetzt 17, wurde seit 1779 Theater gespielt: Lust-, Trauer- oder auch Singspiele. 20 – 30 Schauspieler gehörten zum Ensemble dieses »Societätstheaters«. Alle waren sie Laien, die aus verschiedensten adligen oder bürgerlichen Schichten und Berufen kamen. Die Liebe zur Schauspielkunst hat sie zusammengeführt. So blieb es bis 1850. Später war alles Mögliche in dem Haus: Wohnungen, Werkstätten, Lagerräume... Seit etwa 1980 stand es leer, verfiel. In diesem Zustand fand es der Dresdner Architekturstudent Jürgen Mehlhorn vor, als er über das Gebiet seine Diplomarbeit schrieb. Seinem nie erlahmenden Bemühen um die Rettung des traditionsreichen Hauses ist dessen Erhaltung zu danken. Nach der Wende wurde das »Freundschaftliche Theater« denkmalgerecht saniert. Heute wird hier wieder Theater gespielt.

Im »Societätstheater«
Über die Wirkung des Magnetisierens auf »Mamsells« fachsimpeln als Siegfried von Lindenberg und Schulmeister Schwalbe die Laienschauspieler Dr. Richter und K.A. Zschiedrich.
Einzig erhaltene Wiedergabe einer Societätstheaterinszenierung aus dem 19. Jahrhundert.

Der in Leipzig geborene reiche Kunstfreund und Kunstschriftsteller, Mäzen junger Künstler, Johann Gottlob Quandt, kam 1819 nach Dresden, ließ sich in der Klostergasse am linken Brückenkopf ein Haus mit schöner Aussicht auf das Elbufer, nach Art eines italienischen Palazzo bauen. Es wurde Wohnsitz für die Familie, Treffpunkt für Zeitgenossen, Galerie. Die Bilder hatte er auf seinen Kunstreisen erstanden oder bei »modernen« Künstlern in Auftrag gegeben. So malte Ludwig Richter 1837 die »Überfahrt am Schreckenstein« für Quandt. Anlässlich der 300. Wiederkehr des Todes von Albrecht Dürer 1828 gründete er mit Gleichgesinnten den Sächsischen Kunstverein, dessen erster Vorsitzender er wurde. Ab 1830 erwarb Quandt Güter östlich von Dresden. Auf dem Rittergut Dittersbach baute er »Die Schöne Höhe« und entsagte von da ab dem Stadtleben. Das Gemälde zeigt das Grundstück, als es schon im Besitz der Erben und Teil des vornehmen Hotels »Stadt Wien« war.

Reunions bei Quandt

»Eine Flucht von neun Zimmern im ersten Stock war ganz mit Gemälden ausgefüllt. Alle diese Zimmer waren unbewohnt, nur die nach Dresden kommenden Fremden durchzogen sie mit der Lorgnette in der Hand. Mein Onkel, etwa 60 Jahre alt, hauste in einem großen Bibliothekszimmer. Allwöchentlich einmal sah er die Bildhauer Dresdens bei sich. Es wurden bei diesen Reunions, die nachmittags begannen und sehr spät endigten, sehr viel guter Bordeaux getrunken und viele feine Havannas geraucht.«

Alfred Meißner, Aus: Dresden zur Goethezeit

Weit berühmter Botanischer Garten
Eine weit über Dresdens Grenzen hinaus bekannte Attraktion lag wenige Meter von Quandts Haus an der heutigen Köpkestraße, etwa dort, wo seit Ende des 19. Jahrhunderts der Riesenbau des Justizministeriums steht. Es war der berühmte Botanische Garten des Grafen Johann Centurius von Hoffmannsegg. Auf seinem Gut in Rammenau und seit 1813 in Dresden hatte der studierte Mediziner eine große Anzahl seltener Pflanzen gezüchtet. 2700 Arten preist ein Reiseführer vom Jahre 1825. 1840 hatte der pflanzenliebende Graf einen Mitarbeiter zum Studium der Orchideen nach Brasilien gesandt, von wo dieser 181 Arten mitbrachte, die nun in seinen Gewächshäusern und Freiflächen nahe der Elbe gediehen und Bewunderer aus nah und fern anzogen.

Gärten hinter der Großen Meißnischen Gasse, vermutlich aus einem Fenster des Polnischen Brauhauses gesehen von Carl B. Thielemann, 1800.

So nah, so fern

Wohnnachbar jener Gesellschaften und Salons und doch Welten weit weg war Gustav Nieritz. Der Armenlehrer und Volksschriftsteller war nicht leicht, nicht locker, nicht sicher wie sie. Auch seine Texte waren eher biedermeierlich und didaktisch genau. Doch sie zeigen die andere Seite der stolzen Königsstadt, die er kaum je verlassen hat: Das Leben des einfachen Volkes, das der Armen und Schwachen. In die feinen Salons der Künstler und Gelehrten kam der Sohn eines Armenlehrers aus der Großen Meissner Gasse 10, dem »Polnischen Brauhaus«, nicht.

In dem vielgestaltigen Grundstück wurde tatsächlich Bier gebraut. Im Haupthaus und in den Nebengebäuden waren Behörden, zahlreiche Mietwohnungen, auch die Armenschule, in der Nieritz' Vater unterrichtete und seine Mutter täglich eine warme Suppe für die Schüler kochte. Dafür bekam sie von der Stadt für jedes Essen 6 Pfennige. Hier verlebte Nieritz seine Kindheit, hierher kam er nach Besuch des Lehrerseminars als Hilfslehrer bei seinem Vater zurück. Die Schule, deren Direktor er später wurde, hatte einen Unterrichtsraum für zwei Klassen und etwa 180 Schüler.

Um etwas dazuzuverdienen gab er Privatunterricht in bürgerlichen Häusern, verfasste Jugendschriften und Erzählungen für Erwachsene.

Im Polnischen Brauhaus

»Unser neuer Hausherr brachte eine unbegrenzte Baulust mit. Zunächst wurde der Garten zu einem öffentlichen Vergnügungsorte umgewandelt. Der neue Schänkgarten erfreute sich zahlreichen Zuspruchs. Alle Tage rollte die Kugel ihre glatte Bahn entlang, fielen die Kegel, grölte der Kegeljunge: Alle neune! einen Groschen zu Bier und Weine. An einem Abend jeder Woche führte der Stadtmusikus samt seinen Leuten ein vielstimmiges Instrumentalkonzert in unserem Garten auf, wobei ich niemals fehlte. An solchen Abenden stellte sich regelmäßig eine reinlich gekleidete Frau mit großem Henkelkorbe auf, der unter seiner weißen Leinendecke eine große Fülle frisch gebackener süßduftender Quarkkäulchen barg. Für nur drei Pfennige bekam ich zwei solcher köstlichen Käsekäulchen. Vergebens suchten mißgünstige Spottvögel uns Kinder durch das Vorgeben abzuschrecken, daß die Quarkkäulchen in Hundefett gebraten würden. Ach, unvergeßlich bleiben mir die warmen Sommerabende, an welchen der weite Garten in buntem Lampenschimmer erglänzte, ein dichtes Menschengewühl die Gänge durchwogte, die Lüfte von den süßen Harmonien der Musik ertönten und – der Käsekäulchenkorb seinen lockenden Inhalt austeilte.«

Gustav Nieritz, 1872

Am Hintereingang des vornehmen Hotels »Stadt Wien«

»Unsere Speisekarte weiset mich als 86 jährige Frau an, alle Mittage in die weit entfernte Neustadt und dort in das Hotel ›Stadt Wien‹ zu gehen. Dort bekomme ich die zusammengekratzten Überbleibsel von Speisen, welche nicht mal die Hunde fressen mögen und die schon gottweiß wie lange gestanden haben. Auf unserem elenden Ofen kann ich es nicht wieder erwärmen, und wenn es auf mein Bitten hin eine Nachbarin tut, so stinkt das Essen so abscheulich, daß wir vor Ekel keinen Bissen essen können…«

Bericht einer 86-jährigen Frau an den Armenvorsteher, um 1850, gekürzt

»Stadt Wien«
Das vornehme Gasthaus und Hotel mit mehr als 50 herrschaftlichen Zimmern, einem großen Ballsaal, Stallungen für 40 Pferde und großem Garten zur Elbe hin war 1815 aus zwei Bürgerhäusern entstanden und als Gesellschaftshaus begehrte Adresse. Sein Besitzer, der Hotelier Carl Friedrich Canzler, kaufte 1874 die Nachbargrundstücke zur Brücke für den »Kaiserhof«, einem der feinsten Hotels Dresdens vor dem Zweiten Weltkrieg. All diese Häuser wurden 1945 zerstört.

Drogen und Medikamente aus der Königstraße
Der Huf- und Wagenschmied Günter Michael hatte 1734 das Haus Königstraße 1 gebaut. Für seine »Fabric- und Geschäftszwecke« kaufte das Grundstück mit dazugehörigen Gebäuden auf der Wallgasse im Januar 1845 der Drogengroßhändler Franz Ludwig Gehe. Hier betrieb die Firma ihr Handlungshaus bis zum Neubau eines imposanten Geschäftshauses 1909 neben den Fabrikanlagen an der Leipziger Straße. Gehes Drogen-Appretur-Anstalt wurde zur großen chemisch-pharmazeutischen Fabrik. Aus der »Gehe & Co-AG« ging das heutige Arzneimittelwerk Dresden hervor.

Ehrenpforte für König und Zar

Goethe war während der Freiheitskriege im April 1813 in Dresden, als die gegen Napoleon verbündeten Monarchen Friedrich Wilhelm von Preußen und der russische Zar Alexander vom Schwarzen Tor her durch die Hauptstraße in die Stadt einritten. Hinter einem Fenster des Kügelschen Hauses hatte er sich postiert, »... um die feierlichen Eindrücke eines geschichtlichen Ereignisses ungestörter in sich aufzunehmen«. Die Dresdner selbst waren in Massen zu Hauptstraße und Stadttor gekommen, um die russische Armee, als Befreier gegen Napoleon, mit Wodka und gutem Essen zu empfangen.

Im Schatten der Ehrenpforte

»...Nachdem in Dresdens Umgebung kein Stück Vieh mehr aufzutreiben und die geraubte zahlreiche Rinderherde verzehrt worden war, schlachteten die Franzosen auf der vor unserem Garten gelegenen Elbwiese täglich ein viertel bis ein halbes hundert Pferde. ... Ein abgetriebenes und bis zum Gerippe ausgemergeltes Zugpferd war an der unserer Wohnung zunächst gelegenen Straßenecke gefallen und von seinem Führer als verloren liegen gelassen worden. Nicht genug, daß die Räder der vorüberfahrenden Wagen über die ausgestreckten Beine des armen Tieres hinwegfuhren, fand sich auch noch ein Franzose herbei, welcher dem noch lebenden und hoch aufatmenden Tiere ein ansehnliches Stück Fleisch aus den Rippen schnitt und mit dieser Beute davonging. Es fiel niemandem ein, das gequälte Tier vollends zu töten...«

Gustav Nieritz, Erinnerung an das Jahr 1813

An Holz, Kohlen und fast allem anderen mangelte es in der stolzen Königsstadt im Kriegsjahr 1813.

Im Gleichschritt

Der Riesenkomplex der »Ritterakademie«
entstand 1723 östlich der Hauptstraße an der heute überbauten Kasernenstraße nach Plänen von Johann Christoph Knöffel. In dem 130 Meter langen Gebäudekomplex waren Wohnungen für Offiziere, Kadetten und Lehrer, Hörsäle, ein Reithaus mit Ställen für 50 Pferde und darüber ein großer Turn- und Tanzsaal.

Um den Erhalt der 1945 teilzerstörten Ritterakademie kämpften Denkmalschützer ohne Erfolg. Stadtplaner der DDR hatten andere Pläne mit dem Areal und rissen die Gebäude bis 1963 etappenweise ab. Heute stehen hier Plattenbauten aus den siebziger Jahren.

Maler, Dichter und andere Zivilisten lebten in der Inneren Neustadt mit Militärs dicht an dicht. Seit Beginn des 18. Jahrhunderts gab es kaum ein Haus, in dem nicht Soldaten oder Offiziersschüler untergebracht waren. Beschwerden von Altendresdner Hauswirten wegen Mietausfalls häuften sich beim König. Auch diesem gefiel das private Logieren seines Militärs nicht sonderlich. Schon 1704 hatte er Pläne für ein Militärareal im östlichen Teil von Altendresden anfertigen lassen, wo sich die Soldaten konzentrieren und besser unter der Fuchtel halten ließen als in bürgerlichen Wohnungen.

In der Folgezeit entstanden große Kasernenkomplexe für Artillerie und Infanterie. Sie lagen etwa auf dem Gelände der späteren Markthalle und an der heutigen Albertstraße. Aus dem ohnehin schon militärisch genutzten Jägerhof wurde eine Reiterkaserne.

Nach 1870, als die Albertstadt als großes Garnisonsareal entstand, zogen Kadetten und Kasernen dorthin. Nur der Kriegsminister blieb im Blockhaus. Elbwärts wurden auf einstigem Militärgelände 1882–94 das Finanzministerium und 1912 der Zirkus Sarrasani gebaut.

Beschwerde eines Hausbesitzers
Der Graf von Zinzendorf hatte 1697–1699 an der Hauptstraße das Haus »Wer Gott vertraut« gebaut. Wenige Jahre später beschwert er sich beim König über die mit hohen Mietverlusten einhergehende Einweisung von Kadetten. »...Sobald nur das Dach von einem neuen Anbauer aufgeleget und ehe noch Fenster oder Türe eingesetzet ist, wird er sogleich von den Stadtgerichten mit den Cadets Einquartierung beschwert und kann die Freyjahre (gemeint sind steuerfreie Jahre für den Bau von Häusern in Altendresden) nicht genießen... Deswillen viele abgeschreckt, allda zu bauen, sondern ziehen vor die Tor...«

Platzkonzert
Soldaten marschieren zur Wachablösung in die Altstädter Wache und zum Platzkonzert am Blockhaus. Damals waren solche Szenen beim Publikum sehr beliebt.

Gegenüber der Dreikönigskirche
an der Hauptstraße hatte Longuelune eine Kaserne gebaut. Hier auf dem Foto feiert das 1. und 2. Königliche Grenadierregiment sein 200jähriges Bestehen. Nachdem die Soldaten in die Albertstadt verlegt worden waren, wohnten 2000 Menschen in der ehemaligen Kaserne. 1898 entstand an dieser Stelle die Neustädter Markthalle.

Die Dresdner Wachparade
zog seit 1827 täglich am Blockhaus vorüber zur Altstädter Wache, ein Schauspiel, das immer wieder begeisterte Zuschauer fand.

RESTAURANT
„Zur alten Infanterie-Caserne"
Hauptstrasse No. 30, Flügel A,
empfiehlt seine sehr freundlichen Lokalitäten und Gesellschaftszimmer zur gef. Benutzung.
Grösstes Restaurant der Neustadt,
11 Fenster Front nach der Hauptstrasse und 6 Fenster Front nach dem Hof.
Vorzügliche Biere und gute Küche.
F. Quosdorf, ehem. Bezirksfeldwebel.

Platzkonzert
der Militärkapellen am Goldenen Reiter, im Hintergrund das Neustädter Rathaus

Vier Dreikönigskirchen und St. Franziskus Xaverius

Etwa da, wo heute der Goldene Reiter thront, mitten in einem Kirchhof, stand seit Anfang des 15. Jahrhunderts das erste Altendresdner Gotteshaus, die Pfarrkirche zu den Heiligen Drei Königen. Markgraf Wilhelm I. schenkte sie dem Ort, nachdem er ihn zur Stadt erhoben hatte. Die »Dreikönigschule« kam hinzu, und es gibt sie an wechselnden Orten, immer unweit der Kirche, bis heute.

Die Hussiten legten Feuer in das Gotteshaus. In frühgotischen Formen wurde es bald wieder aufgebaut und in den Jahrhunderten erweitert, erhöht, verschönert. Nachdem 1608 ein Blitzschlag den Unterbau zerstört hatte, bekam sie einen Turm, unter dem fünf Glocken klangen. So stand die Kirche bis zum großen Stadtbrand von 1685. Als die Flammen erloschen waren, blieb ein Haufen aus Steinen und Asche zurück.

In nur drei Jahren bauten die Bürger ihre Kirche wieder auf. Durch großzügige Schenkungen bekam sie einen Altar aus weißem Marmor, das Altarbild spendete Hofmaler Brettschneider, Oberstallmeister Schleinitz die mit Akanthuslaub verzierte und von sechs fliegenden Putten getragene hölzerne Kanzel. Die Orgel wurde 1711 und der Turm 1730 vollendet. Eine große Kraftanstrengung für das kleine Städtchen war dieser Bau gewesen, und die Bewohner liebten ihr neues schönes Gotteshaus mitten auf der vom Brand her noch ziemlich wüst liegenden Straße.

Gottesdienst in der dritten Dreikönigskirche, 1717.
Nach dem Brand gerade wieder aufgebaut, wurde der wertvolle Bau 1732 abgerissen, weil er königlichen Bauplänen im Wege stand.

Die Altendresdner und ihr Pfarrer Löscher waren entrüstet und traurig über den Abbruch ihrer neuen Kirche. Ihr Protest blieb ungehört:

»... deswegen ich hiermit dienstlich und beweglich ja auf das nachdrücklichste bitte mit diesem Bau auszustehen, bis die gedachten Befehle ausgefertiget sind. Es ist die Meynung in geringsten nicht Ihrer Königlichen Majestät Intention zu hindern sondern nur zu verhüten, dass die Ordnung und Freyheit der Kirche nicht über den Haufen fallen und böse Folgerungen daraus entstehen...«

Noch als M.D. Pöppelmann auf dem Friedhof den Baugrund für die Übergangskirche ausheben ließ, kämpfte Superintendent Löscher weiter

»...gegen die Wegschaffung der Kirche, weil die widrigen Religionsverwandten (Anm. d. Red.: die Katholiken) leicht einen Muth bekommen könnten in andern Sachen auf ihrer Hut zu sein und der evangelischen Verfassung allhier Tort zu thun sich bemühen möchten.«

Protestschreiben von 1731

Den schönen Altar mit den sieben klugen und den sieben törichten Jungfrauen und den Evangelisten Matthäus und Johannes schuf Bildhauer Benjamin Thomae, der gleich nebenan Wohnung und Werkstatt besaß. Aufnahme von etwa 1940

Baumeister Klengel aber hatte diese gleich nach der Katastrophe als eine breite Prachtstraße, als »Hauptstraße« vom Schwarzen Tor zur Augustusbrücke konzipiert. Den Gedanken griff August der Starke auf. Damit den freien Blick über die neue Allee nichts behinderte, musste die im Wege stehende Kirche fallen. Es half kein Bitten und kein Intervenieren. Die erschrockenen, empörten Bürger und ihr Pfarrer mußten zusehen, wie ihre gerade erst aus der Asche neu erstandene Kirche dem Abriss anheim fiel. Im Handumdrehen wurde auf königlichen Befehl der Friedhof außerhalb der Stadtmauern verlegt. Auf seinem Feld entstand nach Pöppelmanns Plänen erst eine Interimskirche und zwischen 1732 und 1739 die barocke Dreikönigskirche. Für den Turm war bis zur Einweihung das Geld ausgegangen. Erst 1859 wurde er nach einem preisgekrönten Wettbewerb gebaut. Er ist 87,5 Meter hoch, über dem Glockenboden befanden sich die Uhr und bis 1897 die Türmerwohnung mit Kochnische, Wohn- und Schlafraum, in der jedoch seit dem Brand der Kreuzkirche 1897 das Wohnen verboten war.

Im Februar 1945 fielen Bomben auch auf die Kirche. Ihr Dach wurde vernichtet, das Innere brannte vollkommen aus. Nur der Turm überragte ungebrochen den wüsten Ort. Gemeindeglieder sicherten die Ruine; schon 1950 stellte der Kirchenvorstand den Antrag auf Neuaufbau. Von da an war es ein weiter bürokratischer Weg bis zur Grundsteinlegung 1984. Das »Haus der Kirche« in der Dreikönigskirche öffnete als Haus der Begegnung von Kirche und Welt, von christlichem Glauben und Wissenschaft, von froher Botschaft und Besorgnis um das Leben am 9. September 1990.

Die 51 Herren der Bürgerwehr reiten durch die Hauptstraße dem König entgegen. Ganz rechts die barocke Dreikönigskirche von 1732, die erst in der Mitte des 19. Jahrhunderts einen Turm bekommen wird.

Die Katholische Pfarrkirche St. Franziskus Xaverius gegenüber dem Schillerdenkmal am Albertplatz wurde 1855 gebaut, brannte 1945 aus und wurde 1957 abgetragen.

Die Reste des Altars der Dreikönigskirche nach dem Bombenhagel im Februar 1945

Im Haus Große Meißnische Gasse 8, jetzt 15, dem Kernbau des heutigen »Westin Hotel Bellevue«, gab es eine kleine Kapelle. In ihr begann im protestantischen Dresden Anfang des 18. Jahrhunderts die Entwicklung einer katholischen Gemeinde. Im September 1738 traf aus Prag kommend Kaplan Johannes Payerau, »der erste Seelsorger von Dresden-Neustadt«, ein und bekam sofort eine gerade leer stehende Wohnung mit elf Zimmern in einer Kaserne in der Ritterstraße. Sieben der Zimmer wurden auf Staatskosten zum Kirchenraum. Diese Kapelle war dem heiligen Franziskus Xaverius geweiht. Ausgestattet mit einem Hochaltar, Musikempore und Säulen mit vergoldeten Kapitellen, war es in ihr sehr feierlich, besonders wenn an Feiertagen die katholischen Waisenknaben deutsche Lieder sangen. Der Zustrom war enorm. Besonders gern sah der evangelische sächsische Kriegsminister die Gottesdienste in seiner Kaserne wohl nicht. Aus »zwingenden militärischen Gründen« erließ er 1849 eine Räumungsklage. Durch den Zuzug von Arbeitern, besonders aus Böhmen, auch durch katholische Militärangehörige, war die Gemeinde Franziskus Xaverius inzwischen eine nicht zu vernachlässigende Macht in der Stadt, die man nicht so einfach vor die Tür setzen konnte. Vom Finanzministerium wurde ihr unentgeltlich ein Bauplatz südlich des Bautzner (heute Albert-) Platzes, gegenüber dem jetzigen Schillerdenkmal, zugewiesen. Im lombardischen Stil des 12. Jahrhunderts entstand hier zwischen 1852 – 55 eine Kirche mit 400 Plätzen, angebauter Schule und Pfarrhaus.

In der Nacht vom 13. zum 14. Februar 1945 wurde die Kirche bei mehrmaligen Fliegerangriffen schwer getroffen. Beim Angriff am 17. April stürzte ein Turm ein. Im Keller kam der Kaplan ums Leben. Die Ruine wurde 1957 abgetragen.

Wie schöne Schwestern stehen die katholische und die evangelische Kirche an der Hauptstraße. Links der Turm gehörte zum Postamt 6 an der König-Albert-Straße. Aufnahme etwa 1910

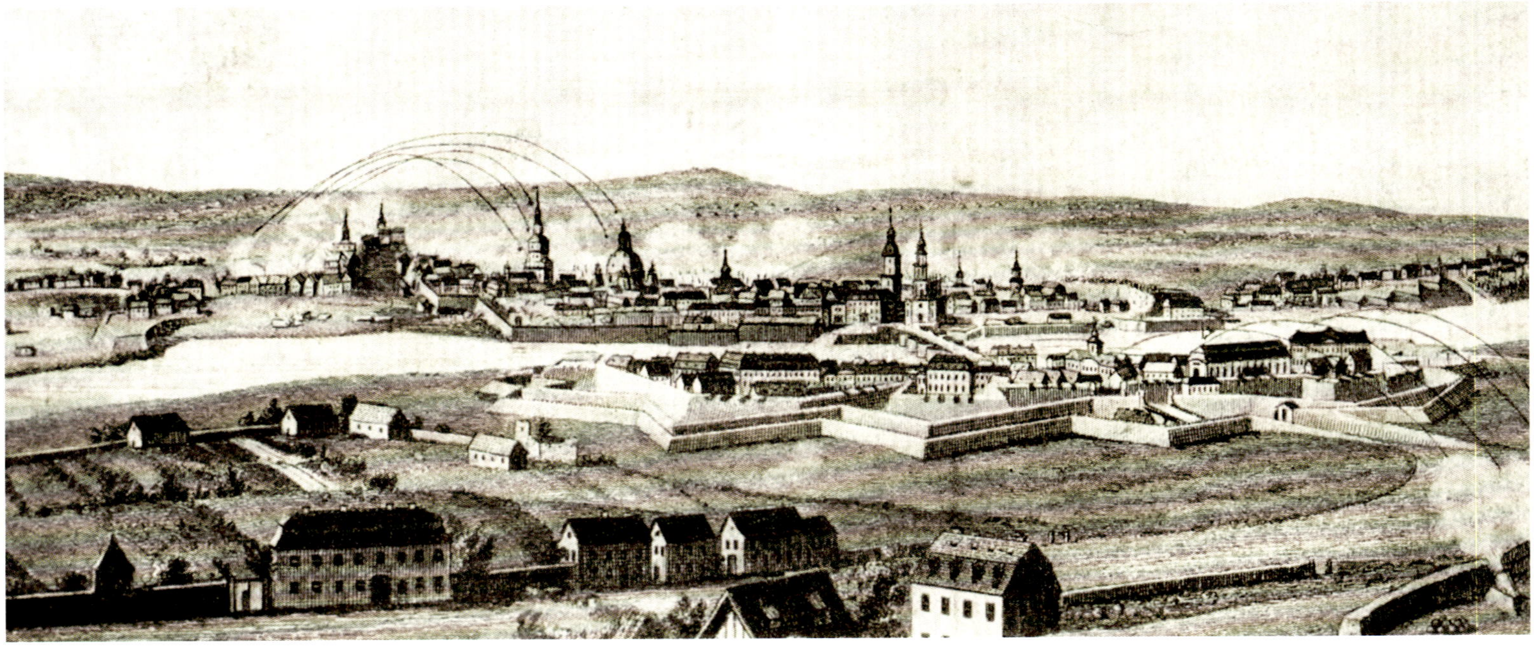

Die Stadt hinter dem schweren Wall

Dresden während der Belagerung 1760
Die Befestigungsanlagen gingen hinter der Königstraße entlang, kreuzten die Hauptstraße da, wo heute die Plattenbauten enden und führten über die spätere Hospitalstraße im Bogen bis an die Elbe. Mit Gräben und Wallanlagen reichten sie bis an die heutige Anton- und Glacisstraße. An der späteren Bautzner Straße standen bereits die ersten Häuser.

Die von Herzog Moritz geplante Befestigung Altendresdens wurde nie vollendet. Doch spätestens als Sachsen in die Ereignisse des Dreißigjährigen Krieges verwickelt wurde, erschien ein wirkungsvoller Schutzwall um den rechtselbischen Teil Dresdens dringend notwendig. 1632 schließlich befahl Kurfürst Johann Georg I. mit dem Ausbau der Festungswerke zu beginnen. Über viele Jahre zogen sich die Arbeiten hin. Immer wieder ging dem Kurfürsten das Geld aus. Holzlieferanten, Bauern, Zimmerleute fühlten sich um ihren Lohn geprellt. Besorgt, teilweise verzweifelt schrieben sie an den Landesherrn und baten um eine Zahlung der ausstehenden Gelder. Am Ende des 17. Jahrhunderts galten die Arbeiten an der Anlage zunächst als abgeschlossen. In den folgenden Jahrzehnten wurde allerdings noch mehrfach an der Festung gebaut und Erweiterungen vorgenommen. Oft beklagte man deren schlechten Zustand und Verfall.

Doch nicht nur im Kriege, auch in Friedenszeiten nutzten die Einwohner die Anlage. Hatten die Altendresdner hinter ihrem Wall Plünderern und Belagerern mal wieder mehr oder weniger erfolgreich getrotzt, war die Kriegsgefahr vorüber, gingen sie in den Stadtgräben auf Fischfang. Den Behörden war das wilde Fischen und Reusenlegen in den Tümpeln ein Dorn im Auge. Mehrmals wurden deshalb Verbote ausgesprochen. Wer dagegen das nötige Geld und den richtigen Einfluss besaß, konnte ganz guten Gewinn aus den Stadtteichen schlagen. So verpachtete Graf Wackerbarth neben Gräben in Neudresden den Stadtgraben vor dem Schwarzen Tor. Der Pächter bezahlte mit einer stattlichen Anzahl an Karpfen, Hechten, Barschen, Aalen, Back- und Bratfischen.

»Wer von Osten her die Bautzner Strasse geschritten kam, wendete, um zum ›schwarzen Thore‹ zu gelangen, am Anfangspunkte der Königsbrücker Strasse nach Süden, passierte hier den bis an die Baumreihe der Bautzner Strasse heranreichenden äusseren Wall, dann einen äusseren Graben, weiter die Pallisaden und mehrere Holzbrücken, die über die inneren, vor weiteren 2 Erdwällen sich hinziehenden Wallgräben führten, und lenkte schliesslich zwischen hohen viereckigen Pfeilern in die Neustädter Hauptstrasse ein. Um sich der Controle der Accise-Beamten zu unterwerfen oder vis à vis in der Thorwache den Reisepass zu produciren, musste Wanderer und Wagen Halt machen.«
Aus: M.J. Nestler »Der Weiße Hirsch«

Wer die Stadt nach Norden verließ,
passierte zunächst das »Schwarze Tor«. Bis 1794 stand hier der Galgen. Heute ist an dieser Stelle der Albertplatz.

Die Festungstore wurden in der Abendstunde geschlossen. Wer zu Fuß, geritten oder mit der Postkutsche zu spät kam, musste vor der Stadt übernachten. In solchen Fällen fuhren die Postknechte die Passagiere gar nicht bis an die Stadt heran, sondern blieben auf der westlichen Wegstrecke in Neudorf, auf der östlichen aber im Wirtshaus zum Weißen Hirsch über Nacht.

Gegen Mitte des 18. Jahrhunderts hatten die Festungswerke weitgehend ihren militärischen Zweck verloren. Um 1809 gab Napoleon den Befehl, die Anlage zu zerstören, doch die zurückflutenden Truppen errichteten 1812/13 noch einmal eine Behelfsbefestigung. Erst mit der Rückkehr König Friedrich Augusts I. um 1815 schlug die letzte Stunde des Schutzwalles. Der schnelle und relativ günstige Verkauf der neu entstehenden Grundstücke auf dem ehemaligen Festungsgelände sollte die zum Abriss notwendigen Gelder in die Staatskasse spülen.

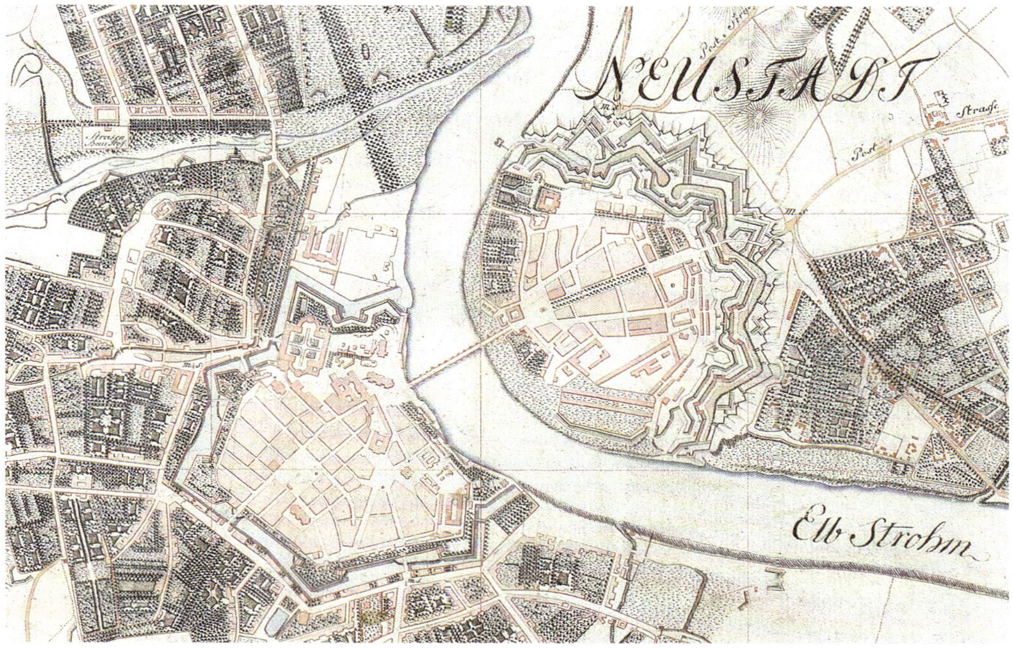

Die Neustadt mit Festungsanlage, 1784

Das »Weiße Tor«,
durch das die Bauern aus Pieschen und Neudorf mit ihren Schiebböcken und Kiepen zum Markte oder nach Hause kamen. Auch Reisende von und nach Leipzig benutzten es.

Bis in den Garten des Japanischen Palais
reichte die Festungsanlage. Von dieser steht nur dieses Stück Mauer noch und erinnert an vergangene Zeiten.

Gärten, Luft und Licht

Nach dem Abriss des Weißen Tores
errichtete G.F. Thormeyer in den Jahren 1827–29 an dieser Stelle zwei Torhäuser. Die Bombenangriffe 1945 zerstörten große Teile der beiden Gebäude. Das eine wurde restauriert und war zu DDR-Zeiten ein beliebtes Hochzeitshaus. Das andere hätte mit relativ wenig Aufwand ebenfalls überleben können; die Stadt ließ es aber 1969 gegen den Widerstand der Denkmalpfleger abtragen. Kupferstich von 1846

Auf der Antonstraße 6
lebte seit 1830 der Volksschriftsteller Gustav Nieritz. Das Haus wurde 1945 durch die Tragfläche eines am Hochhaus Albertplatz abgestürzten Fliegerbombers zerstört.

Für das Bauland auf dem einstigen Festungsgelände hatten der mit der Entfestigung beauftragte Architekt Gottlob Friedrich Thormeyer und seine Planer strenge Regeln aufgestellt. Niedergelegt wurden sie 1827 in einer »Allgemeinen Bauordnung für die Residenz-Stadt Dresden«. Stadt und Landschaft sollten einander durchdringen und ergänzen. Vorgesehen war, jedes Haus mit einem Garten zu umgeben und so die Landschaft in die Stadt zu holen. In den ersten Jahren konnten diese Auflagen gegenüber Grundstückseignern durchgesetzt werden. Typisch für die Zeit war das freistehende Gartenhaus mit ein bis zwei Stockwerken und flachem Walmdach. Auf große Gesten und Schwünge oder gar dramatischen Schmuck verzichteten die Baumeister dieser Anwesen.

»Als Wichtigstes wird bei allen Verkäufen sowohl in der Altstadt als auch in der Neustadt verlangt, daß die Grundstücke nur als Garten benutzt werden dürfen, nie als Bleich oder Wäschetrockenplatz, als Düngerstätte, Brenn- oder Bauholzanlage, noch zu irgend einer üblen Geruch, Rauch oder Dampf erzeugenden Anlage. Nur Wohnhäuser sind gestattet. Bei der Auswahl verschiedener Bewerber gibt man dem den Vorzug, der durch seine Vermögensverhältnisse und durch seine Bildung geeignet scheint, die geforderte Gartenanlage am geschmackvollsten einzurichten.«

Aus der Bauordnung von 1827

Das Gartengrundstück Antonstraße 8
mit seinem quadratischen Grundriss und dem flachen Walmdach ist typisch für die Bauten auf dem ehemaligen Festungsgelände.

Die Häuser wurden größer im Grünring
Das Pensionat des Vereins zum Frauenschutz auf der Georgenstraße 3 war Zufluchtsstätte für verwaiste und verstoßene Mädchen und unterhielt ab 1895 schon einen Kindergarten.

Carolinenstraße 1

Georgenstraße 3

Die Straßen im ehemaligen Festungsgebiet säumten die Stadtplaner mit Pappeln. Dabei hatten sie wohl nicht mit den aufsässigen Grundstücksbesitzern gerechnet. Denen waren Wurzelwerk und vermeintliche Schädlinge im Baum ein Dorn im Auge. Bis zum König stritten sich die Parteien. Der gab schließlich den Pappelfeinden recht. Nun sollten Linden nach und nach die ungeliebten Pappeln ersetzen. Mit der Industrialisierung mauserten sich Grund und Boden zu einer wertvollen Kapitalanlage. Die Kaufwilligen behaupteten sich immer trickreicher gegen bestehende Verordnungen, drängten verstärkt auf kleiner bemessene Grundstücke und eine bessere Auslastung der Fläche.

Ein böhmischer Gärtner namens Paulik
erhielt 1839 einen Platz auf dem ehemaligen Glacis, wo er die »Goldne Brezel«, die spätere »Tonhalle« baute. Zum Balle zogen die Neustädter bald in Scharen in dieses Etablissement. Ab 1920 trug das Tanzlokal den schönen, verheißungsvoll klingenden Namen »Nachtfalter«. Dann kaufte das Haus eine christliche Religionsgemeinschaft. Lange nutzen konnte es die »Erste Kirche Christi Wissenschafter« nicht. Sie wurde erst von den Nazis und später von den Kommunisten verboten und enteignet. Viele Jahre traten dann hier im »Kleinen Haus« Künstler und Gäste des Dresdner Staatstheaters auf.

Dresdner Volks-Oper.
Am 21. Novbr. (Totensonntag) gelangt im Etablissement
Tonhalle
Glacisstr. 28, auf vielseit. Wunsch zum 2. Male zur Aufführung
Der Wilderer.
Drama in 5 Akten von Friedr. Gerstäcker (Regie Herr Baase.)
Einlass 6 Uhr. Anfang punkt 1/28 Uhr.
Karten zu 60, 40, 30 Pf. sind in den durch Plakate kenntlich gemachten Verkaufsstellen, sowie an der Kasse zu haben.

Gönnten sich die Baumeister
der biedermeierlichen Häuser Schmuck, war er zurückhaltend und zierlich wie hier auf der Erna-Berger-Straße 5.

Das hinter den Bäumen versteckte rote Haus
auf der Theresienstraße 21 war eines der ersten im Grünring. Seit 1830 steht es. Etwa vierzig Jahre später kam das Hinterhaus hinzu. Streng wachten die Denkmalpfleger nach der Wende über die Sanierung. Nun ist eine schöne, luftige Anlage entstanden.

»Der Albertplatz war die Bühne...«

Der Albertplatz in seinen Anfängen um 1850
Noch gibt es hier nicht die Brunnen mit ihren aufwändigen Plastiken. Statt dessen zieren den Platz zwei schmucke Amphoren.

Das Sauersche Haus
war das erste Gebäude am späteren Albertplatz. Es stand an der Ecke zur Königsbrücker Straße, etwa da, wo sich heute die Neubauten aus DDR-Zeiten befinden mit dem Restaurant Nudelturm in den beiden oberen Stockwerken. Aquarell von 1830

Mit dem Wegfall der Stadtmauern liefen Haupt- und Königstraße ins Leere. In einem Gewirr vorstädtischer Gärten versandeten die beiden Prachtmeilen. Zunächst entwarf eine Demolierungskommission unter der Leitung von Oberlandbaumeister J. G. Hauptmann Pläne für das neu zu gestaltende Gebiet. Sie planten den Bau eines zentralen Platzes in der Höhe des ehemaligen Schwarzen Tores. Ab 1815 übernahm G. F. Thormeyer die Aufsicht über die Entfestigung. Er griff Hauptmanns Pläne auf, entwarf allerdings statt der zuerst geplanten ovalen Anlage einen weiträumigen, repräsentativen Rundplatz. Strahlenförmig sollten sich hier zehn Straßen der Neustadt bündeln. Die verlängerte Hauptstraße wurde zur Hauptachse des Platzes, der als einer der prächtigsten und schönsten Mitte des 19. Jahrhunderts in Deutschland galt. Später setzte das im Gründerboom reich gewordene Bürgertum seine Häuser hinzu. Imposante, teilweise überdimensionierte Fassaden kündeten vom Wohlstand ihrer Besitzer. Der Lauf der Zeit veränderte das Gesicht des Albertplatzes. Aufgeregt verfolgten die Dresdner den Bau des ersten Hochhauses in der Stadt. Hermann Paulick entwarf den elfgeschossigen, 1929 errichteten »Wolkenkratzer«, in dem sich zunächst die Sächsische Staatsbank, Ärzte und Rechtsanwälte niederließen. Später übernahmen die Verkehrsbetriebe das Gebäude und hatten bis 1996 hier ihre Verwaltung untergebracht. Heute steht das Haus leer.

Vom Bautzner zum Albertplatz

1829 Bautzner Platz
1871 Albertplatz
1945 Platz der Roten Armee
1946 Platz der Einheit
1991 Albertplatz

Der Albertplatz, 1924

»Stürmische Wogen« und »Stilles Wasser«
1894 wurden die von dem Bildhauer Robert Diez entworfenen Brunnen enthüllt. Der eine ist Sinnbild für die Schönheit des friedlichen Wassers. Der andere verkörpert alle Kraft und Gewalt tosenden und wütenden Meeres. Obwohl beide Brunnen im Zweiten Weltkrieg kaum zerstört wurden, ließen die russischen Besatzer die »Stürmischen Wogen« abtragen und setzten dafür den Kämpfern der Roten Armee ein Denkmal. Dessen Gestalter, Otto Rost, hatte eigentlich das Siegesmal für die Nazis in Moskau errichten sollen. Fast 50 Jahre stand der Soldat am Albertplatz. In dieser Zeit lagerten die Teile der »Stürmischen Wogen« an verschiedenen Orten wie dem Garten des Japanischen Palais, dem Johanneum oder auf der Bürgerwiese. Zu seinem hundertsten Geburtstag kehrte der Brunnen an seinen ursprünglichen Platz zurück. Das Siegesdenkmal wechselte an die Stauffenbergallee.

Die Einmündung zur Königsbrücker Straße
1910 (oben) und 1930 (rechts)

Schön ist es bei den »Stürmischen Wogen«
Den Platz säumen im Hintergrund das Albert-Theater und die Villa Eschebach.

1836 wurde der Artesische Brunnen eingeweiht
Natürlicher Druck lässt sein Wasser aus einer Tiefe von 250 Metern emporquellen. 1906 bekam er von Hans Erlwein einen schönen Überbau im Jugendstil.

Logenplatz

»Am liebsten hockte ich dann auf der Gartenmauer und schaute dem Leben und Treiben auf dem Albertplatze zu. Die Straßenbahnen, die nach der Altstadt, nach dem Weißen Hirsch, nach dem Neustädter Bahnhof und nach Klotzsche und Hellerau fuhren, hielten dicht vor meinen Augen, als täten sie's mir zuliebe. Hunderte von Menschen stiegen ein und aus und um, damit ich was zu sehen hätte. Lastwagen, Kutschen, Autos und Fußgänger taten für mich, was sie konnten. Die zwei Springbrunnen zeigten ihre Wasserkünste. Die Feuerwehr ratterte, mit ihrem Hornsignal und glockenläutend, vorbei. Schwitzende Grenadiere kehrten, singend und im Gleichschritt, von einer Übung in die Kaserne zurück. Eine königliche Equipage rollte vornehm übers Pflaster... Der Albertplatz war die Bühne. Ich saß, zwischen Jasmin und Bäumen, in der Loge und konnte mich nicht sattsehen.«

aus Erich Kästner: «Als ich ein kleiner Junge war«

Heute ist in dem Haus das Kästner-Museum.
Der kleine Junge sitzt wieder auf der Mauer – als Bildhauerplastik

Villa Eschebach, um 1910

Villa Eschebach

Mit einer Klempnerei hatte in den Gründerjahren das Unternehmen Carl Eschebach begonnen. Die Geschäfte liefen sehr gut. Aus dem Klempner wurde ein Fabrikant. Küchenmöbel, Haushalts- und Emaillewaren produzierte er in seinem Betrieb. Um 1900 zog die Firma in ein neues großes Werk in Pieschen. Dort hatte der Fabrikbesitzer alles nach modernsten Standards einrichten lassen.

Die Bildergalerie. Foto von 1905

Eine betriebseigene Energiestation, ca. 2000 Glühbirnen und 12 Fernsprechanschlüsse eröffneten damals ungekannte Möglichkeiten. In der Fabrikation schufteten 1000 – 2000 Arbeiter. Um deren Wohl kümmerten sich die Werke mit einem Arbeitsschutz, eigener Krankenkasse und einer Betriebskantine. Längst waren die Produkte aus dem Hause Eschebach weit über Dresden hinaus bekannt und begehrt. Um den Absatz weiter anzukurbeln, eröffnete Eschebach Vertretungen in europäischen Metropolen wie Wien, Paris und London.

Eschebach wurde ein reicher Mann. Die prunkvolle Villa, die er sich 1903 am Albertplatz errichten ließ, zeugte, für alle sichtbar, vom luxuriösen Leben ihres Besitzers. In der überquellenden Kunstgalerie versammelte er bäuerliche Heimatsujets, Kriegerbilder, Madonnenköpfe, aber auch Arbeiten von Johannes Schilling, der die »Tageszeiten« am Aufgang zur Brühlschen Terrasse schuf. Eine andere Attraktion der Villa war das vornehme Palmenhaus. 1905 starb Eschebach. Bis 1920 wohnten hier weiter seine Erben. Danach wechselten die Besitzer. Über 70 Jahre beherbergte das ehemalige Nobelquartier die Verwaltung der Sächsischen Dampfschiffahrt. Nach dem Krieg, das Haus war schwer zerstört, wurden provisorische Baracken ins Palmenhaus gesetzt. Das Behelfsquartier der »Weißen Flotte« hielt 45 Jahre. Dann kaufte die Dresdner Volksbank Raiffeisenbank eG das Grundstück. Behutsam setzte man alt und neu nebeneinander. Die historische Fassade wurde sorgfältig saniert, im Inneren aber eine weitgehend neue Raumsituation geschaffen. Regelmäßig finden Ausstellungen bekannter Dresdner Künstler statt.

Das Palmenhaus
Nicht selten feierten die Künstler des benachbarten Alber-Theaters ihre Premieren in der Villa Eschebach. Zudem war das Haus ein beliebter Drehort in der Stummfilmzeit.

Aufgang zum Vestibül. Foto von 1905

Sarah Bernhardt, Eleonore Duse,
Fritz Kortner, Henny Porten, Hermine Körner – sie alle standen auf der Bühne des Albert-Theaters und brachten einen Hauch von großer, weiter Welt an den Neustädter Albertplatz.

Bretter, die die Welt bedeuten
Ernst Albert Jordan, der Schokoladenfabrikant, führte eine Schar wohlhabender Dresdner, die sich für den Bau eines Theaters in der Neustadt stark machte. Für das Vorhaben griffen die Neustädter Bürger tief in die eigenen Taschen und brachten in einem Aktienverein die notwendigen Gelder für den Bau auf. Nach den Plänen des Architekten Bernhard Schreiber wurde von 1871–1873 das Schauspielhaus am Albertplatz errichtet, in dem bis zu 1500 Zuschauer Platz hatten.

Im Entengang über die Bühne
»An der Bautzner/Ecke Glacisstraße ist heute ein freier Platz, ein Parkplatz für Kraftfahrzeuge. Daneben steht noch die alte Eschebachvilla. Auf diesem Platz war bis 1945 das Königliche Schauspielhaus, das Albert-Theater. Als ich jung war, erlebte ich hier die schönsten Operettenaufführungen.
Aber einmal war ich selbst ›Star‹ einer Aufführung. Ich war Mitglied im Turnverein Nord-West. Bei einer stadtweiten Leistungsschau im Albert-Theater begeisterte ich als Schlussturner das Publikum mit meinen Ententanz. Im Hockstütz, die Hände zwischen die Beine gestellt, die Beine über die Schulter gelegt, und nunmehr im Wippgang im Wechsel zwischen Hände und Füße, wobei der Kopf durch die Beine strahlte, spazierte ich über die Bühne. Mit großem Gelächter und Beifall dankte das Publikum.«
Wolfgang Roder, Erinnerung an die 30er Jahre des 20. Jahrhunderts

Die Bürger verpachteten ihr Haus an den Hof. Leichte Unterhaltung und schweres Dekor, dazwischen ein großer Star, so liebte das breite Dresdner Publikum sein Theater. Vorsichtig öffnete sich die Bühne Ende des 19. Jahrhunderts den Zeitgenossen. Graf Nikolaus von Seebach hatte 1894 die Generaldirektion übernommen. Stücken von Ibsen folgten solche von Bernard Shaw, Oscar Wilde, Gerhart Hauptmann. Dazwischen liefen weiterhin Klassiker, berührende Inszenierungen, aber auch heute Vergessenes und Banales. Die Geschmäcker waren verschieden, aber von den Dresdnern hieß es, sie hätten eine gewisse Scheu vor dem Neuen, Unbekannten und Unerhörten. Krawalle im Theater waren ihre Sache nicht. Dennoch soll die Dresdner Schauspielgruppe eine der fortschrittlichsten unter den deutschen Hofbühnen gewesen sein. Ab 1902 gab es sechs- bis zehnmal im Jahr sogenannte Volksvorstellungen. Für einen geringen Obulus konnten sich auch weniger Betuchte einen schönen Abend im Theater machen.

Hakenkreuze, auch im Theater, Aufnahme von 1939

Erloschene Wunderlampe
»Aladins Wunderlampe hatte mich im ›Theater des Volkes‹ vor kurzem noch verzaubert, nun lag das Haus in geradezu gespenstischer Ruhe vor mir. Ich stieg vom Fahrrad und ging durch die eiserne Tür des Hintereingangs. Nach einer weiteren Tür stand ich plötzlich vor einem großen, dunklen Raum. Ich blickte nach oben und sah durch die Ritzen einer großen Scheibe den dämmrigen Himmel. Ich war im Bühnenuntergeschoss und über mir befand sich der Boden der Drehbühne, die mir eben noch mit wechselnden Bildern schönste Theatereindrücke vermittelt hatte. Nun zerstört, gab sie den Blick frei durch das geborstene Dach…«

Klaus Herrich, Erinnerung an den 20. 2. 1945

Als 1913 das Schauspielhaus in der Ostra-Allee eröffnet wurde, zogen die Königlichen Hofschauspieler dorthin. Nun nahm sich wieder eine private Aktiengesellschaft des Albert-Theaters an. In den zwanziger Jahren war es Vorreiter des expressionistischen Theaters in Deutschland. So wurde hier Kokoschkas »Mörder, Hoffnung der Frauen« uraufgeführt. 1936 ging die Spielstätte in den Besitz der Stadt über und hieß fortan »Theater des Volkes«.

In der Bombennacht 1945 wurde das Theater teilzerstört und drei Jahre später dann vollständig abgetragen.

Sehen und gesehen werden…

Verlorene Orte

Die Große Meißner Straße
war eine der schönsten barocken Straßen Dresdens. Sie führte vom Markt in leichtem Bogen zum Palaisplatz. 1945 wurde die Straße zerstört.

»Es soll vorkommen, daß der Fremde Dresden besucht, ohne die Neustadt eingehend zu würdigen. Das ist nicht nur ein Fehler, sondern ein Verlust«.

Ein Reiseführer um 1900

Mit den Reparationsleistungen aus dem Deutsch-Französischen Krieg war viel Geld in die deutschen Städte geflossen. In den Jahren um die Wende zum 19. Jahrhundert hatte die Innere Neustadt ihren glanzvollen Moment. Architekten des Barock, des Rokoko, des Biedermeier, des Klassizismus und der Gründerzeit hatten im Gebiet ihre Spuren hinterlassen. Ein im Wesentlichen harmonisches, dichtes Stadtgebilde voller Leben Tag und Nacht war so in zwei Jahrhunderten vollendet worden. Menschen aller Schichten lebten, arbeiteten oder erholten sich hier. »Zum Kronprinz«, »Kaiserhof«, »Stadt Wien«, »Zu den Vier Jahreszeiten« hießen die feinen Hotels mit Restaurants, in denen die Reichen abstiegen.

Daneben boten biedere bürgerliche Gaststätten oder dunkle Kaschemmen, manche nur mit drei Tischen und erst im dritten Stock zu finden, ihre Dienste an. Gleich mehrere Gastwirtschaften gab es im Rathaus. Derb ging es im ebenerdigen Ratskeller zu. Marktfrauen und -männer, Käufer und Lieferanten sorgten für einen florierenden Umsatz. Im Alleegäßchen am Jägerhof hatten die stadtbekannten Damen, bei denen man Liebe für Geld bekam, ihr Etablissement.

Am Ende der Scala standen die Mädchen und jungen Männer, die auf der Suche nach ein bisschen Glück mit viel Hoffnung und wenig Geld am Neustädter Bahnhof ankamen, wo die Zuhälter oft schon warteten. Aber da taten auch Diakonieschwestern ihren Dienst. Es heißt, eine Köchin vom Diakonissenhaus habe ihren Sparstrumpf geleert, das Haus Nieritzstraße 11 gekauft und eine Mägdeherberge und ein Hotel eingerichtet. Hier fanden die jungen Frauen preiswerte Unterkunft und eine Ausbildung, die den besten Ruf genoss. Als Hotel Martha-Hospitz gibt es die Herberge noch immer.

Und natürlich gab es Kultur in vielen Schattierungen: das Albert-Theater oder feine, kleine Theaterbühnen, meist in den Hotels, die Tonhalle, das spätere Kleine Haus, in der Glacisstraße. Erste Kinos, wie das »Welttheater« in der Hauptstraße 34, warben mit den »neuesten Errungenschaften der Kinematographie und feenhaft schönen Bildern durch Projektion durch die Glaswand«.

Die Ostseite des Neustädter Marktes
mit dem »…soliden Familienhotel und gutem Restaurant« »Zu den vier Jahreszeiten«, daneben der beliebte »Klosterkeller«. 1945 zerstört.

Speisesaal im Neustädter Kasino
auf der Königstraße. Nach 1990 wurde das Gebäude saniert. Heute ist es Kulturrathaus. Der Saal wird vielfältig genutzt.

Bei schönem Wetter spielte die Musik in den feinen oder volkstümlichen Wirtshausgärten, die meist zur Elbe hin lagen. Wer es ganz schmissig wollte, der kam beim Platzkonzert der Infanteriekapellen dreimal wöchentlich halb zwölf Uhr mittags am Blockhaus auf seine Kosten. Die Stillen und Wissensdurstigen suchten sich im Japanischen Palais ihren Platz, wo bis 1945 die Sächsische Landesbibliothek all ihre Schätze beherbergte. »Menschen, Tiere, Sensationen« konnte man im Zirkus Sarrasani am Carolaplatz erleben.

Und dann waren da noch die kleinen und großen Geschäfte und Läden, wo es alles gab, wenn man es nur bezahlen konnte. Dann kamen der Erste Weltkrieg, die Inflation, Weltwirtschaftskrise, ein Drittes Reich, das einen Krieg heraufbeschwor, an dessen Ende fast all die genannten Orte verloren waren.

Frisch frisiert kommt Seine Majestät
der König von Sachsen von seinem Hoffriseur. Gleich neben Weimuths Salon an der Ecke Haupt-/Heinrichstraße war das feine »Hotel zum Kronprinz« eine erste Adresse. »Altrenommiert, mit allem Komfort der Neuzeit, Lift, Zentralheizung, elektr. Licht, Bäder« ist über das Haus in einem Reiseführer von 1902 zu lesen.

Wochenmarkt rund um den Goldenen Reiter
Korbwaren, Obst, Gemüse und vieles mehr kauften die Dresdner hier ein. Ein kleines Heer von Straßenfegern sorgte am Ende dafür, dass kein Blatt liegen blieb.

Der Markt an seiner Süd- und Westseite
mit dem Anfang des Blockhausgässchens und dem Beginn der Großen Meißner Straße. Mehrere Straßenbahnlinien umkurvten damals den Goldenen Reiter.

Brückenaufgang
mit dem Anfang der Klostergasse, dahinter das »Narrenhäusel«, 1945 zerstört.

Hauptstraße 3

»Die Brille« oder das »Narrenhäusl«
ließ Joseph Fröhlich, Hofnarr Augusts des Starken, an der Augustusbrücke bauen. Seit 1936 war in dem Haus eine beliebte Gaststätte mit einem Biergarten zur Elbe hin. Hier saßen im Sommer Einheimische und Fremde und bewunderten die schöne Stadtsilhouette.
1945 ausgebrannt, später abgetragen.

Ein Stück vom ganz alten Dresden
war das Blockhausgäßchen. 1945 zerstört.

Menschen, Tiere, Sensationen

Mit 50 Pfennigen Kapital in der Tasche brannte ein 15-Jähriger im Jahre 1888 von zu Hause durch, weil er zum Zirkus wollte und nicht durfte. 24 Jahre später eröffnete Hans Stosch in Dresden an der Carolabrücke das schönste, größte, modernste und sensationellste Zirkustheater Europas. Keine Mühe, keine Entbehrungen waren ihm zu groß, keine Arbeit zu schwer oder zu schmutzig, seinen Traum zu verwirklichen. Für sein geliebtes Lebenswerk, den »Zirkus Sarrasani«, schuftete er als reicher Mann jeden Tag vom frühen Morgen bis in die Nacht. Über ein Jahrzehnt war er mit Zelten, Artisten und Tieren durch Europa gereist. Die üppigen Gewinne hatte er sofort wieder in den Zirkus investiert: in die Technik, die Menagerie und in die gewitzte, wie aufwändige Reklame. Nun wünschte sich der Prinzipal ein festes Gebäude für sein Unternehmen. Die freie Fläche am Jägerhof hatte Sarrasani mit seinem Zelttheater früher bereits bespielt. 1910 kaufte er der Stadt Dresden das Gelände ab. Zwei Jahre später, am 22. Dezember 1912, eröffnete er sein gewaltiges Haus mit einer glanzvollen Premiere. Doch Sarrasani sollte später nicht nur Freude an seinem Wintersitz haben. Der kostspielige Unterhalt und neue technische Raffinessen verschlangen Zeit seines Lebens gewaltige Summen. Zudem war es nicht immer einfach, das riesige »Circus-Theater der 5000« zu füllen. Dresden war eigentlich zu klein für das groß angelegte Unternehmen.

Sarrasani galt als Meister der Reklame
Neben Plakaten, Anzeigen und Postkarten nutzte er immer wieder die Sensationsgier der Presse und ihrer Leser, um sich ins Rampenlicht zu rücken. So bewarb er sich mit einem Brief um den Posten des Berliner Bürgermeisters. Alle Berliner Zeitungen und sogar die internationale Presse meldeten die Sensation. Sarrasani lachte sich ins Fäustchen, hatte er doch für die Werbung nur ganze 15 Pfennig Porto bezahlt…

Sarrasani wollte die einfachen Leuten unterhalten, wollte sie für ein paar Stunden in die schillernde, zauberhafte Welt seiner Tänzerinnen, Trapezkünstler und Dompteure entführen. Mit niedrigen Eintrittspreisen stellte er sich auf sein Publikum ein. Reiste der Zirkus durch die Lande, wurde das Stammhaus in der Neustadt an Dritte vermietet oder verpachtet.

Mit dem Ersten Weltkrieg waren die fetten Jahre vorbei. Eine Tournee nach Südamerika sollte Ansehen und Geldbeutel des Zirkusses wieder aufpolieren. Schon die Reise mit rund 400 Tieren, 500 Menschen, Zirkuswagen und Technik über den Ozean war ein organisatorisches Meisterstück. In dem über zwei Jahre währenden Gastspiel gab es für die Zirkusleute

rechts:
Blick über die Albertstraße und den Carolaplatz an dem der Zirkus Sarrasani stand. Am linken Bildrand ist der letzte erhaltene Flügel des Jägerhofes zu sehen.

triumphale Auftritte vor mehreren tausend Zuschauern ebenso wie jede Menge zermürbender Momente durch Einreiseverbote, Intrigen der Konkurrenz oder politische Unruhen.

Dieses Nebeneinander von großen Erfolgen und schweren Niederlagen begleitete Sarrasani bis an sein Lebensende. Zunächst die Inflation, später die Weltwirtschaftskrise, aber sicher auch seine kühnen Aktionen und Einkäufe trieben den Zirkus nach spektakulären Erfolgen immer wieder an den Rand des Ruins. Tiere mussten verkauft, Gastspiele Hals über Kopf abgebrochen und Artisten, Musiker und Arbeiter entlassen werden. Doch zäh und listig rang Sarrasani um sein Lebenswerk, mehr oder weniger glimpflich entkam er jedes Mal den scheinbar ausweglosesten Situationen. Nach seinem Tod 1934 führten erst sein Sohn Hans, später dessen Frau Trude, den Zirkus weiter. Sie verschlankten den Apparat und kümmerten sich um eine bessere soziale Versorgung der Sarrasanier.

Epilog

Abendvorstellung bei Sarrasani. Es ist der 13. Februar 1945. Plötzlich ertönen die Sirenen. Verängstigt rennen Männer, Frauen, Kinder in den Luftschutzkeller. Später werden Zeugen berichten, dass von den Menschen, die im Gebäude waren, niemand ums Leben gekommen ist. Tiere jedoch verbrannten oder hatten blutende Wunden und litten Höllenqualen. Sarrasanis Haus, einst ein Musterbeispiel für Brandsicherheit, war zerstört. Nach dem Krieg zerstreuten sich die Sarrasanier in alle Winde. Ein Teil der Mannschaft trat für kurze Zeit in der Schauburg an der Königsbrücker Straße und später im Zirkus Aeros am Alaunplatz auf. Trude Stosch-Sarrasani eröffnete später in Argentinien einen neuen Sarrasani. Fritz Mey, langjähriger Mitarbeiter, machte 1956 einen gleichnamigen Zirkus in Westdeutschland auf.

»Bill Jenkins, der Adler-Cowboy« um 1938

Sarrasani wechselte alle vier Wochen sein Programm. Zwischen 1940 und 43 habe ich jedes gesehen. Das verdanke ich den Elefanten. Sie waren die Attraktion des Zirkus – eine Herde von 22 Tieren. Für sie habe ich bei unseren Nachbarn am Neustädter Markt und in der Hauptstraße Kartoffelschalen gesammelt. Meine Großmutter hat sie gekocht. Dann bin ich mit meinem Eimer zum Elefantenwärter, der immer da war und auch sein Bett bei den Jumbos hatte. Mit einem Löffel hat der Mann lange in meinen Schalen rumgerührt, wegen Nägeln oder Scherben. Dann hieß es »Nr. 9« oder »Nr. 13«… Dieser habe ich dann meinen Eimer in den Trog geschüttet. Hatte ich das ein paar Mal getan, bekam ich eine Freikarte und war glücklich.

An den Kassen saßen geschminkte Damen. Das war damals verpönt: »Die deutsche Frau schminkt sich nicht.« Die Männer aber waren von den schönen, schillernden Frauen fasziniert. Über den Kassen war das Tivoli, ein feines Nacht- und Weinlokal, rechts unten der sogenannte »Jumbotunnel«, offiziell »Tunnelschänke« mit Platz für 500 Gäste. Manchmal gab es hier gesülzten Elefantenfuß oder Rüssel.

Manfred Lauffer,
Erinnerung an die Jahre um 1940

Um den Goldenen Reiter war bis 1945 ein schönes schmiedeeisernes Geländer. Auf dem bin ich viele Male balanciert, immer ohne Stange. Oder ich habe waghalsige Bauchwellen gemacht. Und immer habe ich gedacht: »Ob mich mal einer vom Zirkus sieht und mitnimmt«.

Manfred Lauffer, Erinnerung an die Jahre um 1940

Am Elbbogen

Dicht an dicht reihen sich die Elbebäder am Neustädter Ufer. Die schöne Brücke im Vordergrund ist die Carolabrücke. Sie wurde am 7. Mai 1945 von den Nationalsozialisten gesprengt. Ihrer Nachfolgerin begegnen die Dresdner mit gesundem Pragmatismus, ist sie doch als wichtige Verkehrsader nicht wegzudenken aus der Stadt.

Auf der Neustädter Seite eröffnete 1826 Gottlieb Gasse, Oberältester der Fischerinnung, die zweite Elbbadeanstalt Dresdens. Ihm folgten über Jahrzehnte hinweg viele weitere Schwimmbäder, deren Betreiber mitunter oft und schnell wechselten. Ein Problem für die Badbesitzer waren nämlich die von der Stadt subventionierten »5-Pfennig-Bäder«. Wesentlich weniger als bei der privaten Konkurrenz kostete hier der Eintritt. Dennoch, dicht an dicht drängten sich die schwimmenden Bretterbuden, und viele Dresdner kamen in den heißen Sommermonaten, um sich in und an ihrem Fluß zu erfrischen, zu amüsieren und das Leben zu genießen.

Immer wieder erhitzten sich besorgte Gemüter an den für damalige Verhältnisse nur spärlich bekleideten Badenden. »Sobald eine Gondel mit Fahrgästen in die Nähe der Bäder gelangt, so haben sich die Badenden zurückzuziehen und es ist ausdrücklich untersagt in einem solchen Zeitpunkt früher in das Wasser zu springen, als bis die Gondel entfernt ist.« Außerdem mussten die Badenden »bey ihren Übungen bis zum Kopf im Strom getaucht sein« und es sollten »ihre Formen nur beim Aus- und Einsteigen sichtbar werden.« Selbst viele Jahre später, 1935, besagt eine amtliche Meldung: »An dem Badeverbot hat die Stadt aus sittlichen Gründen und zur Wahrung der

Mit der Wäsche an die Elbe

»Meine Großmutter wohnte neben dem Hotel »Vier Jahreszeiten« am Neustädter Markt. Auf den Elbwiesen zwischen Blockhausgässchen und heutigem Hotel Bellevue legte sie bei schönem Wetter ihre Wäsche zum Bleichen aus. Ich saß mit einem Knüppel daneben und vertrieb die Hunde. Ab und zu habe ich die Stücke mit einem Töpfchen Wasser begossen. Durch die Sonnenstrahlen wurde der natürliche Bleichvorgang positiv beeinflusst.0«

Manfred Lauffer, Erinnerung an die Jahre um 1940

Heuernte um 1910

Würde als Kunst- und Fremdenstadt ein einheitliches Interesse.« Wer das Geld für die Badeanstalten sparen wollte, tummelte sich links der Albertbrücke auf den Wiesen und badete auf eigene Gefahr in der Elbe. Die Strompolizei sorgte dafür, dass dadurch der Schiffs- oder Floßbetrieb nicht gestört wurde. Ein Stück neben den Faulenzern breiteten fleißige Frauen die Wäsche auf den Elbwiesen zum Bleichen aus.

Nach und nach jedoch verloren die Dresdner die Lust auf ein Bad in der Elbe. Die Industrie spülte ihren Dreck in das Wasser.

Vor neugierigen Blicken geschützt wähnen sich die Frauen im Marienbad. Aber respektlose Lausbuben spielten ihnen gern einen Streich und spazierten in Damenkleider gehüllt in die Schwimmanstalt.

»Wenn wir an die Elbe Baden gingen, nahm mein Vater sein Koffergrammophon mit. Das war damals eine absolute Rarität. In den Deckel passten 6-7 Schallplatten. Kaum war die erste aufgelegt, standen die jungen Leute in Trauben um unsere Decke. Wir waren die Attraktion der Wiese.«

Manfred Lauffer, Erinnerung an die Jahre um 1940

Soldatische Haltung lassen die Herren im Militärbad vermissen.

Beim Hochwasser im September 1890
stieg die Elbe bis weit in den Garten des Japanischen Palais.

»Andonnerndes Stammholz und daher treibende Floßteile machten die Brücke erzittern, und vor 10 Uhr versank der Teil des Brückenpfeilers, welcher das Kruzifix trug, in der brausenden Flut. Das Kruzifix selbst ist trotz aller aufgewendeten Bemühungen bis heute nicht wieder aufgefunden...«

Hochwasserbericht 1845

Immer wieder schwemmte die Elbe über weite Teile Altendresdens hinweg. Mal ergossen sich die Fluten im Sommer über den Ort, mal schoben sich im März eisige Schmelzwasser über die unbefestigten Ufer. Alte Chroniken berichten von 13 Überschwemmungen im 14. Jahrhundert. Häufig ramponierten Fluss und Treibgut die Elbbrücke. Eine ungewöhnlich hohe Wasserflut verzeichnen die Chronisten für das Jahr 1501, der aber im selben Jahrhundert viele weitere folgten. 1573: »An der Dresdner Brücke stopfte sich das Eis. Alt-Dresden war überschwemmt; man mußte am Rathhause einsitzen und fuhr mit den Kähnen nach der Brücke.« Eines der mächtigsten Hochwasser spülte 1845 über die Stadt hinweg. »Am 30. März wo sich noch Schneegestöber einstellte, waren an der Elbe in den Dörfern und in Dresden schon viele Häuser im Wasser«... Ganze Häuser sollen an der Dresdner Brücke zerschellt sein und angeblich war in einem »der Boden mit allerlei Hausgerät angefüllt, darunter eine Wiege, in welche sich eine auf dem Dache sitzende Katze rettete und glücklich durch die Brücke kam, als das Haus selbst von einem Pfeiler zertrümmert wurde.« Am 31. März stand der Pegel der Elbe bei 8,77 Meter. Im 20. Jahrhundert schwoll der Strom fünf Mal über die sieben Meter Marke an.

Nach sintflutartigem Regen war der Fluss im August 2002 hoch, wie vielleicht noch nie. Viele Helfer kamen, stapelten Sandsäcke und versuchten Schlimmstes zu verhindern. Aufhalten ließ sich der Strom in den meisten Fällen nicht. Die Brücken wurden gesperrt. Bei 9,40 Meter blieb die Elbe stehen und zog sich dann langsam wieder zurück. Sie hatte gezeigt, was sie kann.

Mit Marie und den Jungen in die Stadt gegangen, um ihnen das hohe Wasser zu zeigen; aber diese Verwüstungen übertrafen meine Vorstellungen weit. Über Nacht war das Wasser um anderthalb Ellen gestiegen, die Bögen der Brücke waren nur noch ganz flach zu sehen. Mit so furchtbarer Gewalt presste sich der Wogenschwall hindurch, dass zusammengeflößte Baumstämme wie Pfeifenstile an den Pfeilern zerbrachen. Ganz Dresden war auf den Beinen, alles strömte hin und wider...

Eduard Devrient, Schauspieler
über das Hochwasser vom 31. März 1845

Elbeflut 2002,
die vielleicht höchste aller Zeiten

Das Königsufer – Aufmarsch- und Flaniermeile

Eine bunt durcheinander gewürfelte Stadtlandschaft mit trocknender Wäsche, großen und kleinen Häusern, Schuppen und Reklamesprüchen auf jeder freien Fläche, hielt der Fotograf von der Augustusbrücke aus fest. Aufnahme um 1904

Wild wuchsen die Häuser der Neustadt zur Elbe hin. Schief und krumm lugte das Gewirr von Mauern, Höfen, Gewächshäusern und Brandgiebeln zwischen alten Robinien und riesigen Platanen hervor. Viele Dresdner liebten diesen malerischen Anblick mit seinem etwas struppigen Charme. Andere konnten sich mit dem leicht chaotischen Durcheinander nicht so recht anfreunden. Sie fanden, dass die neuen Regierungsbauten ein gepflegtes Umfeld verdient hatten. Außerdem sollte mit der schönen barocken Fassade auf der linken Elbseite ein repräsentativerer Uferstreifen korrespondieren. Hinzu kam, dass der städtische Verkehr weiter wuchs und zu einem Problem wurde. Als 1910 ein Wettbewerb zur Gestaltung des Königsufers ausgeschrieben wurde, erhielt die Gruppe um den Stadtbaurat Hans Erlwein den Zuschlag. Breite Straßen, gesäumt von monumentalen Bauten entstanden auf dem Reißbrett. Doch im Ersten Weltkrieg und in der Zeit danach hatte die Stadt andere Sorgen, und so landeten die Pläne zunächst in der Schublade. Erlweins Nachfolger Paul Wolf machte sich Anfang der 30er Jahre erneut Gedanken um das verbaute Königsufer. Eine grüne Landschaft, in der es sich gut ausspannen lässt, entwarf Stadtgartendirektor Heinrich Balke. Zunächst blieb der neue Vorschlag liegen. Die Stadtväter zeigten nur wenig Interesse. 1933 griffen die an die Macht gekommenen Nazis die Pläne auf. Gleisanlagen, Pflasterflächen, alte Ausschiffungsplätze und Lagerplätze sollten verschwinden. In dem Entwurf, der das Gebiet zwischen Prießnitzmündung und Japanischem Palais behandelte, breiteten sich terrassenartige Freitreppen zum Ufer hin aus. Pavillons und Plastiken setzten kunstvolle

Zu Kaffee und Brause konnte man sich seit 1936 des Nachmittags in das Gartenlokal vom »Narrenhäusl« setzen.

Eine der neuen Attraktionen
war der Japanische Pavillon mit dem Glockenspiel. (1992 wieder errichtet). Aus den Fenstern heraus verkauften Pfunds ihre Molkereiprodukte.

Akzente zwischen Staudenanlagen und Bäumen. Doch nicht nur der Wunsch nach lauschiger Elbidylle beflügelte die Stadtväter. In das Konzept flossen Ideen zu einem Ehrenmal für die im Ersten Weltkrieg gefallenen Sachsen, und ein gigantisches »Mal des nationalen Aufbruchs« sollte den Aufmarschplatz vor dem Finanzministerium überwachen. Etwas Gewaltiges schwebte den Herren vor, doch zum Glück wurden nicht alle Pläne verwirklicht.
Dreihundert Langzeitarbeitslose wurden unter großem Propagandarummel am 7. November 1933 zum Schaufeln an die Elbe geschickt, schließlich hatten die neuen Machthaber den Ausbau der »Reichsgartenstadt« werbewirksam als »Arbeitsbeschaffungsmaßnahme« deklariert. Als dann am 5. Juni 1936 der Dresdner Oberbürgermeister Zörner in Anwesenheit von Reichsinnenminister Frick das Gelände der Öffentlichkeit übergab, ließen es sich die Nazis nicht nehmen, das Ereignis mit großen Aufmärschen massenwirksam zu inszenieren. Ausführliche, seitenlange Berichte füllten am nächsten Tag die Presse. Weite Strecken des Elbufers nutzten die Nationalsozialisten von nun an für Kundgebungen, als deren Zentrum sie die Freitreppen vor dem heutigen Finanzministerium angelegt hatten. Ansonsten fügte

Stramme und athletische Körper
waren den Nationalsozialisten die liebsten. Hier lagern die »Fischerei« und die »Schifferei« entspannt am Fluss.

Neben der Augustusbrücke vor dem Blockhaus
sollte ein Ehrenhof für die Gefallenen des Ersten Weltkrieges entstehen und mit einem »Mal des Aufbruchs der Nation« vom neuen Geist der Zeit künden. Zum Glück blieb das Projekt in seinen Anfängen stecken.

Reichsinnenminister Frick
nimmt im Rathaus einen Schluck auf die Eröffnung des Königsufers. Aufnahme vom 5. Juni 1936

sich die ungefähr zwei Kilometer lange Gartenanlage harmonisch in das Stadtbild ein. Später, zu DDR-Zeiten, wurde zwar der alte Aufmarschplatz wieder für Kundgebungen genutzt, an der Grünanlage aber nur notwendigste Pflege betrieben. Inzwischen wird das Königsufer sorgsam saniert. An der Elbe vor dem Finanzministerium sitzen heute jeden Sommer viele Dresdner und verfolgen unbekümmert die Filme im Open-Air-Kino.

Eine zwei Kilometer lange blühende Uferpromenade
mit Freitreppen, Pavillons und Plastiken zog sich nun am Neustädter Elbufer hin. Wie Perlen an der Schnur lagen der Rosengarten, die Staudenanlagen vor den Ministerien, die Anlagen am Narrenhäusel und der Palaisgarten.

Bereits einen Tag nach dem Attentat
vom 20. Juli 1944 auf Hitler trommelten die Nationalsozialisten mehrere tausend Menschen zusammen, die am Königsufer ihre Treue gegenüber »Führer« und Regime demonstrieren sollten.

1945 und die schwere Zeit danach

Die Hauptstraße unter dem Hakenkreuz
Nicht zu übersehen ist, wer Herr im Lande ist. Wenige Jahre später hatte Großmannssucht auch die Innere Neustadt in ein Trümmerfeld verwandelt. Auch diese Häuserzeile ging im Inferno unter. Das vordere Haus stand auf dem Gelände des heutigen Eiscafés Venezia (zu DDR-Zeiten »Kristall«). Der Nymphenbrunnen davor konnte nach dem Krieg gerettet werden. Nur sein Standort verschob sich um wenige Meter.

Tausende Neustädter waren nach vier aufeinander folgenden Luftangriffen vom 13. bis 15. Februar ohne Dach über dem Kopf. Noch Tage danach brannten die Häuser und Straßen. Von der Hauptstraße wird berichtet, dass bis in die Morgenstunden des 14. Februar nur ein einziger Löschwagen den fast ausweglosen Versuch unternahm, Brennendes zu löschen. Den großen Angriffen folgten bis in den April hinein noch weitere Bombenabwürfe, so am 2. März, als 400 Flugzeuge der 8. US-Staffel den siebten Angriff auf Dresden flogen, und am 17. April, dem letzten Luftangriff, der mit 580 Bombern unter anderem die Bahnanlagen in der Neustadt lahmlegte. Die unzähligen obdachlos gewordenen Menschen flohen in die umliegenden Dörfer, die wenigen, die eine noch einigermaßen bewohnbare Bleibe hatten, nahmen Bedürftige bei sich auf. Doch der Großteil der Häuser lag in Trümmern: die Straßenzüge um den Neustädter Markt, die Große Meißner Straße, der östliche Teil der Hauptstraße bis zum Albertplatz. Das Japanische Palais, das

»... In der Hauptstraße erwartete uns ein grauenvolles Bild. Die Ostseite bot feurige Glut und eingestürzte Gebäude, so lang sie war. Die Westseite zeigte nur wenige fortgeschrittene Schäden und Feuer, aber Funkenregen überall... Unsere Löschgruppe gab ununterbrochen Wasser, um das Feuer von der Heinrichstraße abzuhalten. In einem halb ausgebrannten Straßenbahnwagen entdeckten unsere Sanitäter eine Frau und drei Kinder. Sie waren bewußtlos und eingeklemmt in den Wagentrümmern. Herr Göhler brachte sie in seinem PKW in die Rettungsstelle im Bahnhof Dresden-Neustadt.
Es war uns gelungen, die Feuersbrunst in Richtung auf das Wohnviertel der Heinrichstraße abzubremsen. Und wenn wir in den Jahren nach diesem schrecklichen 13. Februar, beim Anmarsch zu einer Kundgebung etwa, die damalige Hauptstraße berührten, meinten dann der gute Kaden-Willy und andere: Hans, weißt du noch: hier diese Ecke, wenn wir nicht gewesen wären, das wäre alles nicht mehr hier...«

Bericht Hans B.,stark gekürzt
Aus: IG 13. Februar 1945, «Lebenszeichen«

Einen gespenstischen Eindruck
macht die Große Meißner Straße, einst eine der schönsten Straßenzeilen Dresdens. Nur das Haus am rechten Bildrand, die Nummer 15, steht noch und gehört heute zum Hotel Westin Bellevue. Foto von 1947

Albert-Theater und die Dreikönigskirche waren schwer beschädigt, das Neustädter Rathaus und das Blockhaus ausgebrannt. Relativ glimpflich davongekommen waren die Markthalle sowie Teile der Straßenzüge westlich der Hauptstraße. Auch die Brücken hatten das Inferno weitgehend überstanden. Kurz vor dem Einzug der Russen jedoch sprengten die bedrängten Nazis die Albert-, Augustus- und Carolabrücke.

»...Also ging ich durch die Anlagen dem Neustädter Markte zu... Da fiel 20 Schritte vor mir das brennende Dach des Japanischen Palais herunter auf die Straße. Ich rannte zur Meißner Gasse, die brannte lichterloh; also einen Umweg durch eine andere Gasse, die nicht ganz so schlimm war, und kam an den Neustädter Markt, da brannten viele Häuser, viele waren eingestürzt, der Denkmalsockel stand und der Kirchturm der Martin Luther Kirche war zu sehen. Hier aber war das Hochwasser der Elbe bis an die halbe Wade hoch, hinüber zu kommen sei unmöglich, die Brücke ganz kaputt, in die Altstadt nicht hineinzugelangen, hieß es. Aber die Angst um die Kinder trieb mich vorwärts, und ich wagte mich allein auf die Brücke, während die Männer zurückblieben. Es waren große Löcher auf der Fahrbahn, die Geländer abgerissen, die Steine geborsten, aber mir war das egal. Ich wollte bloß hinüber...«

Stark gekürzt aus einem Brief von Frau B. vom 15. Februar 1945, 1/2 11Uhr
Aus: IG 13. Februar 1945, »Lebenszeichen«

Gasthof »Zum Blauen Stern«,
später »Stadt London«, in der Großen Meißner Straße 11.

Das blieb vom »Haus zur Sonne«,
Neustädter Markt 5. Foto von 1947.

Dresden im Luftkrieg

»Am Königin Carola Platz lag das Gebäude des Zirkus Sarrasani, der am Abend noch bis zum Beginn des ersten Angriffes gespielt hatte. In der Nähe sah ich eine Gruppe Zirkuspferde, die völlig verschüchtert eng im Kreis beieinander standen. Diese prächtigen Araberpferde sollten bald umkommen; im zweiten Angriff wurden 48 ihrer Kadaver an das Königsufer geschleppt, wo am 16. Februar ein gräßliches Schauspiel zu beobachten war, als sich dort ein Schwarm von Geiern einfand, der aus dem Zoo entkommen war.«

Aus: David Irving »Der Untergang Dresdens«

Wüster Ort Dreikönigskirche
Nur der Turm hatte den Flammen getrotzt.

Flüchtlinge
ziehen durch die Hauptstraße.

Wie hier hinter dem Narrenhäusl
schoben die Menschen in der ganzen Stadt ihre schwerbeladenen Loren durch das Trümmerland.

Nach dem Krieg kehrte ganz langsam wieder Normalität ein. So hatte die Tonhalle am Rande der Inneren Neustadt die Bombenabwürfe ohne größeren Schaden überlebt. Sie wurde kurzerhand in ein Theater umfunktioniert Mit Lessings »Nathan der Weise« eröffnete am 10. Juli 1945 der Spielbetrieb. Zu Beginn des Stückes, das während der Nazizeit verboten war, kehrt Nathan von einer Geschäftsreise zurück. Als ihn seine Haushälterin begrüßt: »Er ist es! Nathan! – Gott sei ewig Dank, dass Ihr doch endlich einmal wiederkommt« gab es Applaus und viele Freudentränen im Publikum.

Mit Kundgebungen vor dem Japanischen Palais und der Einweihung des Ehrenmals am Albertplatz kündigten sich währenddessen unübersehbar die neuen Machthaber an.

Zunächst war der Wiederaufbau der Inneren Neustadt in den alten Maßstäben vorgesehen. Dann wurde das Gebiet zum total zerstörten Bereich erklärt und von dem Vorhaben nicht mehr gesprochen. Hartnäckig protestierten Denkmalpfleger gegen Abrisse von Häusern, die noch nicht so weit zerstört waren, dass ein Wiederaufbau völlig aussichtslos gewesen wäre. So waren die barocken Fassaden auf der Großen Meißner Straße nach 1945 zunächst gesichert worden. Doch der damalige Stadtbaurat Wermud hatte wenig Interesse und sicher nicht das Geld, die Häuser zu erhalten. Nachdem ein Fensterpfeiler mit zwei Brüstungen abgestürzt war, ordnete er im Juni 1950 die sofortige Sprengung der Großen Meißner Straße 3–13 an. Viele Dresdner waren schockiert, als sie davon hörten. In später durchgeführten Untersuchungen zeigte sich, dass für die Häuser keine Einsturzgefahr bestanden hatte. Ganz im Sinne des politischen Zieles, alles zu verdrängen, was an das Bürgertum erinnerte, hatten die Verantwortlichen gehandelt.

Unter neuen Fahnen und Losungen
wurde bald nach dem Krieg wieder immer öfter aufmarschiert, hier am Albertplatz.

Zum Gedenken an den verstorbenen Staatschef
und Kommunisten Georgij Dimitroff wurde 1949 der Albertplatz mit einem Meer von Blumen und dem Konterfei des Bulgaren geschmückt. Erstaunlich unversehrt erscheint das kurze Zeit später abgerissene Albert-Theater.

Das Glockenspiel des Kreml
ertönte allstündlich im »Pavillon zu Ehren der ruhmreichen Sowjetarmee«. Aufnahme vor 1949

Zwiespältige Gefühle

»Vor meiner Einberufung hatte ich angefangen Medizin zu studieren. Weil ich Jungvolkführer gewesen war, brauchte ich an eine Fortsetzung des Studiums nach 1945 nicht denken. Ich ging auf den Bau in die Neustadt. Dort war der alte Rose. Er war 70 und SPD-Genosse, ich war 21. Rose hat mich unter seine Fittiche genommen, mir alle Kniffe beigebracht, die ein ordentlicher Maurer braucht. Im Mai 1946 hingen überall große Aufrufe zur Einweihung des neuen Denkmals am Albertplatz. Rose fragte, ob ich mitkommen will. Ihm zuliebe ging ich mit. Es waren vor allem Mitarbeiter aus dem Rathaus da, das damals gleich um die Ecke am Palaisplatz untergebracht war, und Genossen. Für die war das vielleicht das Größte. Mir aber ging viel durch den Kopf bei dieser Veranstaltung: Ich war im Krieg, ausgebombt, ohne Existenz, und jetzt feiere ich die Russen, gegen die ich gerade gekämpft hatte. Rose hat an dem Tag nicht viel gesagt. Der wusste, dass ich erst mal mit mir ins Reine kommen muss.«

Wolfgang Roder

Ehrung für die gefallenen Sowjetsoldaten
am 1. Jahrestag der Befreiung

Ein Kiosk und eine fensterlose Halle
waren am Albertplatz über Jahrzehnte die wichtigste Lebensmittelverkaufsstelle für die Neustädter.

Jubel um jedes neue Haus

An der Dreikönigskirche 10, um 1992

Einstmals »himmeloffener Hof«
des Barockzeitalters in der Rähnitzgasse, um 1960

Für die Erhaltung der vom Krieg verschonten Bauten wurden kaum Mittel bereit gestellt. Immer mehr Hausbesitzer kapitulierten schweren Herzens und überließen ihr Eigentum der volkseigenen Kommunalverwaltung. Häuser wurden unbewohnbar. Der große Auszug war nicht aufzuhalten. Häuser und Höfe verödeten. In den verbliebenen, oft mehrfach unterteilten Wohnungen hatten sich die Menschen mehr oder weniger komfortabel eingerichtet.

Die ersten neuen Häuser, Zehngeschosser, entstanden an der Albertstraße. Nicht mehr auffindbar sind seitdem die einstigen kleinen Gassen zwischen Haupt- und Albertstraße. Sie wurden beräumt für einen großen Innenhof mit Sitz- und Parkflächen, Dienstleistungs- und Kindereinrichtungen.

Mit großem Propaganda- und Presseaufwand wurde um 1974 mit der Neuordnung und dem Wiederaufbau der zerstörten Flächen um den Neustädter Markt und die Hauptstraße, die nun »Straße der Befreiung« hieß, begonnen. Durch den einstigen Marktplatz, der seitdem in seiner Fläche halbiert und von einem Fußgängertunnel unterquert ist, führt nun vierspurig eine große Verkehrsstraße. Der Platzraum des Marktes wurde durch die Ausweitung der Köpckestraße und der Großen Meißner Straße zur Verkehrsmagistrale halbiert. Städtebaulich ebenso problematisch wirkte sich das Überbauen von Gassen zur Straße der Befreiung und zum Neustädter Markt aus. Mit Plattenbauten des in der DDR gängigen Typs WBS 70 wurden die beräumten Flächen bebaut. Es waren keine architektonischen Perlen, aber sie ordneten sich mit ihren Vorbauten und in der Höhe in die historische Straßenflucht ein. Schön saniert wurden die erhalten gebliebenen Bürgerhäuser auf der westlichen Seite der Hauptstraße. Mit viel Kraft und Liebe zum Detail haben die Bauleute, Architekten und Gartengestalter in diesem Stück Innere Neustadt, der nicht gerade reichen DDR ein Stück Schönheit abgetrotzt. Regen Anteil nahmen die Dresdner am Fortgang der Arbeiten. Noch Tage nachdem die Straße am 7. Oktober 1979,

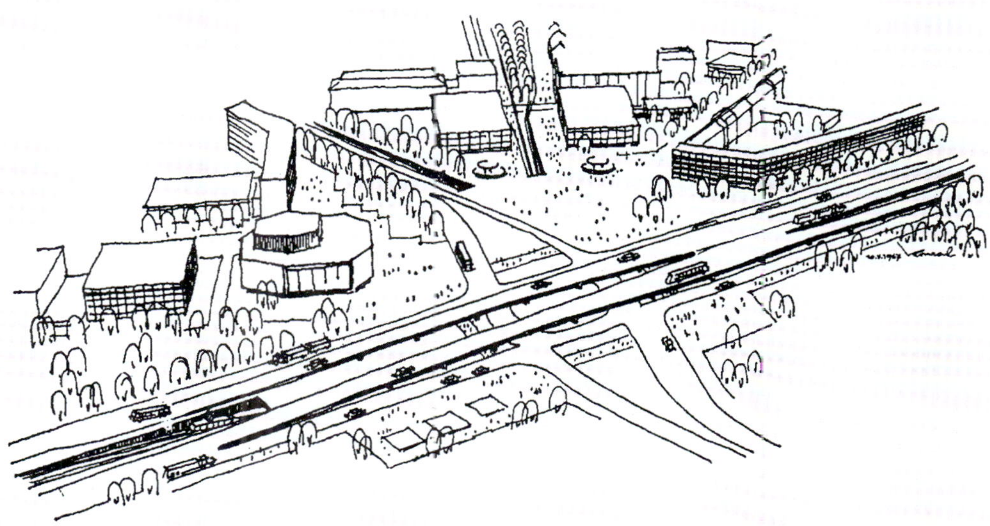

Der Generalbebauungsplan von 1967
sah Hochhäuser und einen in drei Ebenen vom Verkehr überrollten Albertplatz für die Innere Neustadt vor. Weil das Geld fehlte, blieben die gigantischen Ideen aufs Papier beschränkt.

Zehngeschosser an der Albertstraße
waren die ersten Neubauten im Gebiet.

»Überall an den Decken und Außenwänden Stockflecke, weil es ständig reinregnete, die Toilette draußen im Hausflur. Der Hinterhof dunkel und klein, mittendrin die Aschengrube, kaum eine Möglichkeit, ein bißchen Wäsche aufzuhängen.« So hat Martina Kühne die Wohnung im 3. Stock der Rähnitzgasse 20b in Erinnerung. Hier ist sie mit ihren beiden Brüdern aufgewachsen. Anfangs teilten sich die drei Geschwister das kleine Kinderzimmer. Später, als Martina größer wurde, zogen die beiden Jungs ins Schlafzimmer der Eltern und diese ins Wohnzimmer um. Mit 20 sagte Martina der elterlichen Wohnung ohne Wehmut ade, heiratete, wohnte sechs Jahre mit ihrem Mann und dem jetzt vierjährigen Torsten in einer Miniwohnung in der Rosa-Luxemburg-Straße, nur wenige Schritte von der Rähnitzgasse entfernt. Vor einem Jahr erhielten die jungen Leute den Schlüssel für eine Dreiraumwohnung, und wie der Zufall spielt, genau für jene, in der Martina ihre Kindheit verlebte. »Ich habe die Wohnung für den ersten Moment gar nicht wieder erkannt. Das hatte ich wirklich nicht erwartet: große, helle Räume, weil Zwischenwände herausgenommen wurden, Bad, Innentoilette, Fernheizung, Warmwasser. Meine Mutti hat genauso verdutzt geguckt, als sie uns das erste Mal besuchte…«

Aus: Sächsische Zeitung vom 27. April 1984

dem 30. Jahrestag der DDR, übergeben worden war, pilgerten sie in Scharen hierher. Im Schatten ehrwürdiger und neu gepflanzter Platanen ließ es sich gut bummeln und sitzen. Schöne barocke Plastiken säumten die Allee. Die etwas betagten Dresdner kannten sie vom Zwingerhof her, wo sie in den zwanziger Jahren gestanden hatten. Wie in guten alten Tagen gab es eine Menge liebevoll ausgestatteter Gaststätten. Sie hießen Oberlausitzer Töppl, Eiscafé Kristall, Meißner Weinkeller, Minidrink, Kügelgenhaus mit Restaurant und Café. Hier im schönen Haus »Gottessegen«, in dem der romantische Maler Gerhard von Kügelgen Anfang des 19. Jahrhunderts gelebt hatte, wurde 1981 ein kleines Museum eröffnet, in dem man seitdem viel über Kügelgen und seine Künstlerfreunde erfahren kann.

Zum 30. Jahrestag der DDR
wurde 1979 die »Straße der Befreiung« übergeben. Tausende wollten die schöne Allee und die fünf rekonstruierten Bürgerhäuser gleich am ersten Tag sehen.

Verkaufsgespräch in der neuen Jugendmode

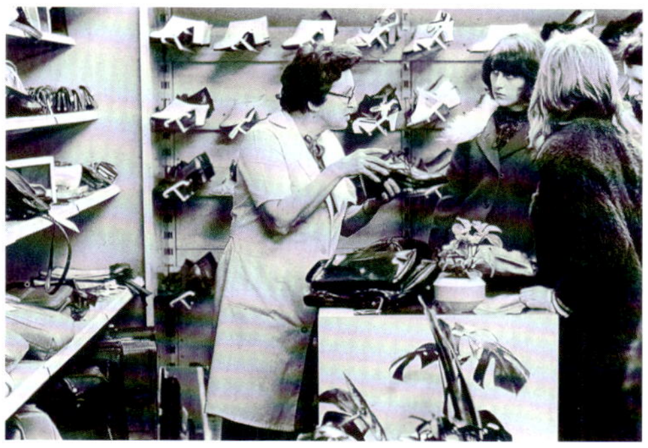

...Dresdens neuester Boulevard wird das Jubiläumsgeschenk zum 30. Jahrestag unserer Republik und all das bieten, was unsere Stadt an Anmut und Poesie besitzt. Während an der einen Seite krummwinklige Gäßchen und barocke Bürgerhäuser flankieren, erstreckt sich zur anderen ein schlichtes modernes Neubauensemble mit breiten Fenstern und großen Balkons, in denen Fuchsien und Pelargonien schon einige Jahre blühen. Und man pendelt von der rechten zur linken Geschäftshälfte, geht mit den Beinen und Augen spazieren und freut sich über dieses Stück Großstradtromantik, in dem nicht das Monumentale, nicht Planung im großen Maßstab vorherrschen, sondern das Intime....
In den Rasenspiegeln der Platanenallee werden im Frühling Krokusse, Narzissen und Tulpen blühen, und in gepflegten Beeten wirbt der Sommerblumenflor um ein Kompliment der Passanten. Zauberhaft wirkt der Anblick der Pflanzentürme vor dem Kügelgenhaus....

Aus: »Union«, September 1977

Vom ersten Tag gehörte die Liebe der Einwohner des zerstörten »Elbflorenz« dieser »schönsten und freundlichsten Straße«, wie es in Anlehnung an ein Kügelgenzitat fast täglich irgendwo zu lesen oder zu hören war. Stolz wurde sie jedem Fremden gezeigt. Kaum ein Tag verging, in dem die Presse nicht blumig berichtete: Über die zahlreichen Geschäfte, die alten und die neuen Brunnen, die Blumenbepflanzung, über Schmuckstücke wie eine vergoldete Standuhr, die alten und modernen Plastiken und natürlich über die Restaurants und Cafés.

Einige Jahre später begann man mit der Sanierung historischer Häuser in der Rähnitzgasse, des Blockhauses, des Hauses Große Meißner Straße 15, das Kernstück des modernen Hotels »Bellevue« wurde. Das Umfeld aber – wertvollste Bausubstanz aus Barock, dem Rokoko, dem Klassizismus und des Historismus – verfiel weiter und bot ein Bild des Jammers. Im Büro des Stadtarchitekten wurde der teilweise Abbruch und Neuaufbau der Inneren Neustadt diskutiert.

Im Jahr der Wende entstanden an der nördlichen Hauptstraße zum Albertplatz hin und am Albertplatz anspruchsvoll abgewandelte Plattenbauten des Typs WBS 70. Wieder war es ein 7. Oktober, an dem die Wohnungen übergeben wurden, der 40. Jahrestag der DDR. Es war ihr letzter und es waren die letzten Häuser, die in Dresden unter der Fahne mit Ährenkranz und Sichel entstanden. Wenige Tage später zogen Hunderttausende auch über die Augustusbrücke und die Köpckestraße, weil sie sich einen anderen, einen demokratischeren Staat wünschten.

Alle staunen über die goldene Standuhr
auf Dresdens »schönster und freundlichster Straße«.

Auferstanden aus Ruinen...

Das Haus Große Meißner Straße 15 war das einzige Gebäude, das von dem berühmten barocken Straßenzug an der Elbe nach dem Zweiten Weltkrieg geblieben war. Gegen den Willen vieler Dresdner sollten die wertvollen, aber desolaten Gemäuer am 23. Dezember 1981 gesprengt werden. Die Sprenglöcher waren schon gebohrt, als mutige Bürger und Denkmalpfleger den Aufschub und am 5. Januar den Erhalt des geschichtsträchtigen Hauses durchsetzten, auf dessen Grundstück schon im 17. Jahrhundert ein Gebäudekomplex stand. Er gehörte dem Altendresdner Bürgermeister Elias Jetzsch, der im Haupthaus wohnte, in den Nebengebäuden waren eine Mälzerei und eine Brauerei.

Trostloses Haus in trostloser Umgebung
die Große Meißner Straße 15, etwa 1949. Die Ruinen der umliegenden Häuser wurden gesprengt. Der »Himmeloffene Hof« läßt 1970 noch nichts erahnen von den vornehmen Innenhöfen des heutigen Hotels »The Westin Bellevue«.

Der Stadtbrand von 1685 vernichtete das Anwesen. Acht Jahre später war es größer als vorher wieder aufgebaut. Ein späterer Besitzer, der Akziserat Gerve, gestaltete die Fassade im Stil des Barock, baute zur Elbe hin weiter um und an, so dass ein zweiter Hof entstand. 1732 kaufte der sächsische König das Grundstück. Pöppelmann vollendete den Komplex als allseitig geschlossene Doppelhofanlage. In diese zogen Kanzleien und Büros. Das Volk nannte die Große Meißner Gasse 8 (später 15) fortan »die Regierung«.
Nach der Zerstörung der Straße im Krieg und ihrem Abriss wurde das Haus von wechselnden Betrieben und Einrichtungen genutzt. Mittags strömten Arbeiter und Angestellte der Gegend zum Essen hierher, das eine Betriebsküche kochte.

In alter und neuer Schönheit
aus Ruinen wieder erstanden führt das Haus auch schmerzlich vor Augen, wieviel Kostbares ringsum unterging. Einen wunderschönen Garten legte zur Elbe hin Landschaftsarchitekt Günter Kretzschmar an. Er ist Teil des Königsufers und die einzige größere öffentliche Anlage in Dresden, die zu DDR-Zeiten entworfen und auch ausgeführt wurde.

Mit dem Bau des Hotels »Bellevue« zu DDR-Zeiten fanden Architekten der DDR und Japans eine Lösung, die die Große Meißner Straße 15 ganz selbstverständlich in die Funktionen des Hotels integriert. Nach 1990 wurde das Haus vom Keller bis zum Dach instand gesetzt. Als Hotel »The Westin Bellevue« ist es eine erste Adresse in der Stadt.

Am Platz einer ehemaligen Kaserne
wird 1898 die Markthalle gebaut. Bald werden über 200 Händler hier vor allem Lebensmittel anbieten.

Im Kriegsjahr 1918
Die fetten Jahre und das üppige Angebot sind vorüber. Für viele gibt es wenig auf Lebensmittelkarten.

In der Markthalle
Immer das gleiche Lied – der Milchbeutel tropft. Aufnahme um 1980

In ihrer lichten Gestalt
mit schmiedeeisenen Geländern, Säulen und kunstvollen Eisentreppen wurde die Markthalle »aus der guten alten Zeit« vom Konsum, dem Eigentümer seit 1997, wieder hergestellt.

Der Bauch der Neustadt

Als in den Gründerjahren immer mehr Menschen in die Stadt drängten, reichten die Wochenmärkte nicht mehr. Dresden beschloss, drei große Markthallen zu bauen. »Von großer Wichtigkeit für die Lebensmittelversorgung ward die völlige Umgestaltung des Marktwesens. ... Am 7. Oktober 1899 wurde endlich auch die kleine Neustädter Markthalle an der Ritterstraße übergeben«, kann man im Buch des Ratsarchivars Professor Dr. Otto Richter »Geschichte der Stadt Dresden in den Jahren 1871 bis 1902« lesen. Am Eröffnungstag drängten sich im Bauch der Halle 213 Stände, an denen vor allem mit Lebensmitteln gehandelt wurde. Fleisch, Wild, Lebendfisch, gesalzenen Fisch, Kartoffeln, Garten-, Wald-, Feld- und Südfrüchte, Blumen und Sämereien gab es im Erdgeschoss. Auf der Galerie konnte man Butter, Käse, Eier kaufen. Das Geschäft florierte in den Jahren vor dem Weltkrieg.

Auch diese Markthalle wurde im Februar 1945 zum Teil zerstört. In dem verbliebenen Rest boten Einzelhändler ihre Waren an. Ein Teil wurde als Lager genutzt. Nach Übernahme durch den Konsum 1967 wurde aus der Markt- eine Kaufhalle. Die Sanierungs- und Aufbaubemühungen des Konsums endeten 1981 jäh durch einen Ministeratsbeschluss.

Rettung in letzter Minute

Ein großer Bauplatz war die Innere Neustadt in den Jahren nach 1990. Verfallene Häuser, wie hier in der Erna-Berger-Straße, gibt es im Jahr 2003 nur noch wenige im Stadtteil.

Königstraße 7, 1996

Die Rettung des historischen Teils der Inneren Neustadt rund um die Königstraße kam in letzter Minute. In vielen Wohnungen konnte keiner mehr wohnen. Die Dächer fielen ein, der Schwamm fraß sich durch die Wände, ganze Häuser waren verriegelt und verrammelt, weil der Verfall schon zu weit fortgeschritten war.

Dann kam die Wende und mit ihr Investoren, die sich in die schwer ramponierte, verblichene Schönheit der alten Straße vernarrten. Ungeheurer Aufwand wurde betrieben, um Schwamm im Gemäuer zu trocknen, hölzerne Dachstühle neu zu zimmern oder alte, dick überspachtelte Farbschichten wieder frei zu legen. Als erstes erwachte 1994 die Königstraße 5a, das Lippertsche Haus. Nur kurz darauf war die Nummer 5 in alter Pracht rekonstruiert. Nach und nach folgten weitere Häuser. Bis 1997 steckten private Bauherren über 150 Millionen Mark in die liebevolle, denkmalgerechte Sanierung. Die öffentliche Hand steuerte mit Fördergeldern weitere Millionen zu. Wie ein kleines Wunder schien es manchem, dass es gerade mal sieben Jahre brauchte, bis das noble Geschöpf, die »Kö«, weitgehend saniert, neu gepflastert und bepflanzt wurde. Galerien, edle Klamottenläden, feine Geschäfte und Restaurants zogen in das Gelände rund um die Königstraße. An den wenigen Stellen, wo Altes nicht mehr zu retten war oder Lücken gefüllt werden mussten, entstanden neue Anlagen wie die in der Priscopassage oder die Passage Königstraße. Sie passen sich harmonisch in das Gesamtbild. Auch wenn sich mancher an den ungewohnten Anblick erst einmal gewöhnen muss.

Konflikte zwischen Denkmalpflegern und den Bauherren, auf denen strenge und teure Sanierungsvorgaben lasteten, blieben in den Jahren natürlich nicht aus. Zudem hatte eine Satzung anfangs noch vorgeschrieben, dass in den Obergeschossen weiter gewohnt werden sollte. Nun gibt es dort ebenfalls viele schicke Büros. Bewohner, die zum Leben einer Straße dazugehören, dagegen kaum. Doch mit viel Enthusiasmus und verschiedenen Aktivitäten kümmern sich die ansässigen Gewerbetreibenden darum, dass das Viertel weiter belebt und bekannt gemacht wird.

Ganz anders sah es zunächst an der Hauptstraße aus. Jahre nach der Wende drohte sie zu veröden, kaum einer interessierte sich noch für das einstige Prestigeobjekt der DDR. Die Dresdner kauften und flanierten hier nur noch selten. Doch inzwischen ist ein Großteil der Bausubstanz saniert. Die Plattenbauten wurden innen modernisiert und außen mit Glasveranden aufgepeppt, während die barocken Bürgerhäuser einer kompletten, denkmalgerechten Rundumbehandlung unterzogen wur-

Heinrichstraße 1–3, 1997

Bei den Handwerkerpassagen
hinter der Hauptstraße

den. Nun verstecken sich die historischen Passagen nicht mehr in unscheinbaren Gängen. Viele kleine Läden, altes Kunsthandwerk und Restaurants zogen in diesen liebevoll wiederhergestellten Teil der Inneren Neustadt. Mit der aufwändigen Restaurierung der Neustädter Markthalle blieb den Dresdnern ein weiteres, ans Herz gewachsenes Stück Stadtgeschichte erhalten. Seit 2000 ist das Gründerzeitgebäude Domizil zahlreicher Händler. Sehr viel Energie, Geld und Ideen flossen in die Gestaltung der Hauptstraße. Es ist ihr gut bekommen. Nun fehlen noch mehr Besucher, die auch ohne Event kommen und über die Straße bummeln.

Im Hof zwischen Rähnitzgasse und Königstraße

Der Thomae-Pavillon neben dem Societätstheater

Innenhof in der Rähnitzgasse

Der Anfang der 90er Jahre ausgeschriebene Ideenwettbewerb zur Gestaltung des zukünftigen Regierungsviertels bezog das Areal von der Hauptstraße bis zur Glacisstraße mit ein. Sein Ziel war, die geplanten oder bereits bestehenden Regierungsbauten besser in die umgebende Innere Neustadt einzubinden. Der Regierungssitz sollte sich nicht wie eine isolierte Insel in den Stadtteil schieben, sondern Teil eines lebendigen Viertels mit Geschäften und Wohnungen werden. Als die Entwürfe der Wettbewerbsgewinner 1994 öffentlich vorgestellt wurden, gab es Protest unter den Anwohnern. Viele von ihnen leben schon lange und gerne hier. Nun sollten ganze Häuserreihen der Zehngeschosser an der Sarrasani- und Ritterstraße abgerissen werden, um für neue, schicke Wohn- und Geschäftshäuser in guter Citylage Platz zu machen. Die Bewohner wehrten sich, viele sorgten sich um ihre Zukunft.

Letztlich blieb im Großen und Ganzen alles beim Alten. Abgerissen wurde nichts. Die Hochhäuser vom Typ IW 67 bekamen eine neue Innenausstattung. Die Fassaden werden in den nächsten Jahren saniert. Für die hier lebenden Wohnungsgenossenschaftler kommt auch ein Teilrückbau um zwei bis drei Stockwerke nicht in Frage.

Mehr als 500 Millionen Euro wurden seit 1990 in der Inneren Neustadt investiert. Ein großer Teil davon floss in das Regierungsviertel. Als erstes wurde das »Sächsisch-Königliche Finanzministerialgebäude« denkmalgerecht saniert. Die Staatskanzlei, der ebenfalls wuchtig über der Elbe thronende Nachbarbau, folgte. Nicht weit davon entstand zwischen 1996 und 1999 das moderne Ministerialgebäude, in dem drei Ministerien arbeiten. Da wo bereits Ende des 19. Jahrhunderts das Amtsgericht tagte und nach dem Zweiten Weltkrieg die russischen Kommandanten einzogen, in der Hospitalstraße 7, sitzt nun das Jusitzministerium. Viel Sanierungsaufwand wurde im Regierungsviertel betrieben, und dennoch gibt es Grundstücke, die auf bessere Zeiten warten. Noch zu isoliert vom städtischen Umfeld stehen die Ministerien. Pulsierendes Leben hat sich hier bisher nicht richtig entfaltet.

Ansonsten sind im östlichen und westlichen Grünring inzwischen viele Häuser saniert. Wie Perlen an der Schnur stehen zum Beispiel die kleinen, schmucken Häuser der Carolinen- oder Erna-Berger-Straße. In unmittelbarer Nähe zu Albertplatz und Neustädter Bahnhof verbirgt sich hier eine freundliche grüne Oase mit alten Baumalleen und romantischen Gärten.

In den 90er Jahren beseelte ein enormer Aufbauwunsch die Menschen in der Inneren Neustadt. Sehr viel Einmaliges und Wertvolles wurde restauriert, saniert und aufgebaut.

Beendet ist der Prozess noch nicht. Gern würden Stadtplaner den Neustädter Markt wieder historischen Maßstäben anpassen und die begrünten Flächen bebauen. Zu diesem Plan gehört auch, dass die mit Plattenbauten abgeriegelten Seiten der Heinrichstraße und Rähnitzgasse wieder geöffnet werden. Viel diskutiert wird um den kühnen Entwurf des amerikanischen Architekten Daniel Libeskind, der von der Woba Dresden GmbH mit einem Neubau an der Hauptstraße beauftragt wurde. Welche Visionen am Ende umgesetzt werden, kann heute noch keiner sagen. Die Zeit wird es zeigen. Doch Vereine, Stadtplaner, Bewohner, Stadtväter und Firmen ringen weiter gemeinsam um ihren schönen Stadtteil.

»Himmeloffene Höfe« im Viertel

Die Wohnungsgenossenschaft Johannstadt eG
Porträt einer besonderen Gemeinschaft

Mit vielen Plattenbauten im Wohnungsbestand in ausschließlich guten bis sehr guten Innenstadtlagen nimmt die Wohnungsgenossenschaft Johannstadt eG eine ganz besondere Stellung unter den Dresdner Genossenschaften ein. Während der Wohnungsleerstand stadtweit zunimmt, sinkt er bei der WGJ seit vielen Monaten stetig – bis aktuell unter 4 %. Trotz vehementer Abriss-Ansinnen, investiert die WGJ seit Jahren kontinuierlich in den Erhalt und die Modernisierung ihres Bestandes. Da werden nicht nur Fassaden renoviert, Treppenhäuser schön gestaltet und Glasveranden angebaut, sondern auch das Wohnumfeld einladend gestaltet. Unlängst gewann die Gestaltung der Außenanlage im Schandauer Gebiet den Sächsischen Preis des Garten- und Landschaftsbaus. Drei Meilensteine prägten das Leben in der Genossenschaft in den Jahren seit der Wende wesentlich. 1997 konnte die gerichtliche Auseinandersetzung über die Altschulden der WGJ mit einem Vergleich erfolgreich beigelegt werden. Das hatten die Genossenschafter selbst geschafft, denn mit einem zusätzlichen Beitrag von 3.000 DM je Mitglied wurde das Eigenkapital der Genossenschaft entschieden gestärkt. Im Jahr 2002 wurde hier das erste wohnungswirtschaftliche Produkt überhaupt unter dem Schlagwort „Freistil" entwickelt. „Freistil"-Wohnungen gibt es bei der WGJ inzwischen in zahllosen Varianten. Sie bieten Grundrisslösungen im modernisierten Mehrgeschosser an, die sich individuellen Bedürfnissen vom Single bis zur Großfamilie anpassen und auch mit sich verändernden Lebensbedingungen Schritt halten. Nicht zuletzt hat sich der genossenschaftliche Zusammenhalt aller Mitglieder während den Zeiten der Jahrhundertflut bewährt. Sachsen packt's – die WGJ auch!

WGJ

Wohnungsgenossenschaft
Johannstadt eG

Haydnstraße 1
01307 Dresden

Tel. 0351 _ 44 02-3
Fax 0351 _ 44 02-432

info@wgj.de
www.wgj.de

Johannstädter werden.